Programmieren C++ für Anfänger

Der leichte Einstieg in C++.
Programmieren lernen ohne
Vorkenntnisse.

Manuel Leier

Inhaltsverzeichnis

Kapitel 1: Die ersten Schritte

1.1 C++ die richtige Wahl

C++ ist die bevorzugte Entwicklungssprache für die Mehrheit der professionellen Programmierer. Diese Sprache liefert schnelle Programme, welche in einer robusten & portablen Umgebung entwickelt wurden. Die heutigen Werkzeuge von C++ machen die Entwicklung von komplexen & leistungsfähigen kommerziellen Anwendungen fast zum Kinderspiel. Über viele Jahre hinweg bestand das hauptsächliche Ziel der Programmierer darin, kurze & schnelle Codestücke zu schreiben. Das Programm musste klein sein, da Hauptspeicher teuer war, & es musste schnell sein, da Rechenzeit ebenfalls einen nicht unerheblichen Kostenfaktor darstellte. Computer wurden kleiner, billiger & schneller, die Speicherpreise sind auch gefallen & somit haben sich die Prioritäten geändert. Heutzutage übersteigen die Kosten für einen Programmierer bei Weitem die Kosten der meisten geschäftlich genutzten Computer. Gut geschriebener & leicht zu wartender Code steht nun an erster Stelle. Leicht zu warten bedeutet dabei, dass sich das Programm bei ändernden Anforderungen ohne großen Kostenaufwand erweitern & verbessern lässt.

1.2 Strukturierte, prozedurale, objektorientierte Programmierung

In der prozeduralen Programmierung stellt man sich die Programme als Folge auszuführender Anweisungen auf einem Satz von Daten vor. Mithilfe der strukturierten Programmierung bringt man Systematik in die Organisation dieser »Prozeduren« & die Verwaltung großer Datenmengen.

Der Grundgedanke der strukturierten Programmierung lässt sich auf die Formel »Teile & herrsche« bringen. Jede Aufgabe, deren Beschreibung zu komplex ist, wird in die Menge kleinerer Teilaufgaben zerlegt. Das setzt man so lange fort, bis die Teilaufgaben eigenständig genug sind, & sich leicht überblicken lassen.

Die strukturierte Programmierung ist nach wie vor ein enorm erfolgreicher Lösungsansatz bei komplexen Aufgabenstellungen.

Trotzdem gibt es noch Probleme. Die Trennung der Daten von den Prozeduren, die die Daten manipulieren, ist mit zunehmenden Datenmengen schwieriger zu fassen & zu verwalten. Je mehr man mit den Daten anstellen will, desto unübersichtlicher gestaltet sich die Trennung.

Prozedurale Programmierer »erfinden das Rad immer wieder neu«, d. h. sie finden regelmäßig neue Lösungen für alte Probleme – das Gegenteil der Wiederverwendbarkeit. Der Gedanke hinter der Wiederverwendbarkeit ist der Aufbau von Komponenten mit bekannten Eigenschaften. Diese Komponenten fügt man dann bei Bedarf in ein Programm ein. Dieses Modell entspricht der Hardwarewelt – wenn ein Techniker einen neuen Transistor benötigt, erfindet er ihn in der Regel nicht neu, sondern sucht sich aus seinen Beständen den passenden heraus & modifiziert ihn vielleicht. Bis zur objektorientierten Programmierung gab es für den Softwaretechniker die vergleichbare Möglichkeit.

Das Wesen der objektorientierten Programmierung besteht in der Behandlung der Daten & der Prozeduren, die auf diesen Daten arbeiten, als geschlossenes »Objekt« – die selbstständige Einheit mit einer Identität & eigenen Charakteristika.

1.3 Objektorientierte Programmierung

C++ unterstützt voll die objektorientierte Programmierung (OOP), einschließlich der vier Säulen der objektorientierten Entwicklung: Kapselung, Verbergen von Daten, Vererbung & Polymorphie.

1.4 Kapselung, das Verbergen von Daten

Wenn der Elektroniker ein neues Gerät entwickelt, verschaltet er einzelne Bauelemente – etwa Widerstände, Kondensatoren & Transistoren. Ein Transistor hat bestimmte Eigenschaften & kann bestimmte Verhaltensweisen realisieren. Man kann ihn ohne Kenntnis seiner eigentlichen Arbeitsweise einsetzen, man muss nur wissen, was er bewirkt.

Der Transistor muss zu diesem Zweck eigenständig sein. Er muss die genau abgegrenzte Aufgabe haben & diese vollständig erfüllen. Die Realisierung einer in sich abgeschlossenen Aufgabe bezeichnet man als Kapselung.

Alle Eigenschaften des Transistors sind auch im Transistorobjekt verkapselt & nicht über die elektronische Schaltung verteilt. Einen Transistor kann man effektiv einsetzen, ohne mit seinen internen Abläufen vertraut zu sein.

C++ unterstützt die Kapselung & das Verbergen von Daten über benutzerdefinierte Typen, die sogenannten Klassen. Die einmal definierte Klasse agiert als vollständig abgekapselte Einheit, & wird als Ganzheit verwendet. Die eigentliche innere Funktionsweise der Klasse sollte nicht sichtbar sein. Die Benutzer einer gut konzipierten Klasse müssen nicht wissen, wie die Klasse funktioniert, sie müssen nur wissen, wie man sie verwendet.

1.5 Wiederverwendbarkeit, Vererbung

In den späten 80ern arbeitete ich an einem Gerät für das Homebanking für die Citibank. Das Ganze sollte nicht von Null beginnen, sondern auf Vorhandenem aufbauend schnell auf den Markt gelangen. Daher begannen wir mit dem Telefon & »erweiterten« es. Heraus kam ein Telefon, das gegenüber einem normalen Telefon lediglich ein paar neue Merkmale aufwies. Damit konnten wir alle Funktionen des guten alten Telefons übernehmen, & seinen Einsatzbereich mit neuen Fähigkeiten erweitern.

C++ unterstützt den Grundgedanken der Wiederverwendbarkeit durch Vererbung. Man kann einen neuen Typ deklarieren, der die Erweiterung eines vorhandenen Typs darstellt. Man sagt, dass diese neue Unterklasse von einem vorhandenen Typ abgeleitet ist, & spricht auch von einem abgeleiteten Typ. Das erweiterte Telefon ist vom guten alten Telefon abgeleitet & erbt damit dessen gesamte Eigenschaften. Bei Bedarf kann man jedoch Neue hinzufügen.

1.6 Die Polymorphie

C++ unterstützt den Gedanken, dass verschiedene Objekte »genau das Richtige tun«, über die sogenannte Funktionspolymorphie beziehungsweise Klassenpolymorphie. Das aus dem Griechischen stammende Wort polymorph bedeutet vielgestaltig. Polymorphie bezeichnet also dasselbe Ding in verschiedenen Formen.

1.7 Sollte ich C lernen?

Es drängt sich die Frage auf: »Soll ich zuerst C lernen, weil C++ die Obermenge von C ist?« Stroustrup & die meisten C++-Programmierer stimmen überein: Es ist nicht nur nicht erforderlich, zuerst C zu lernen, sondern auch die schlechte Empfehlung.

Kapitel 2: Die Vorbereitungen

In C++ ist es vielleicht wichtiger als in anderen Sprachen, dass der Programmierer das Programm entwirft, bevor er es niederschreibt. Triviale Probleme, wie etwa die in den ersten Kapiteln dieses Buches Behandelten, erfordern kaum Entwurfsarbeit. Jedoch ist ein Entwurf bei komplexen Problemen, die die professionellen Programmierer alltäglich herausfordern, unumgänglich. Je gründlicher der Entwurf, desto wahrscheinlicher stellt das Programm für die vorgesehenen Aufgaben die Lösung dar – sowohl im zeitlichen als auch im finanziellen Rahmen. Ein guter Entwurf führt auch zu einem relativ fehlerfreien & leicht zu wartenden Programm. Man schätzt, dass sich 90 Prozent der Softwarekosten aus Fehlersuche & Wartung zusammensetzen. Ein guter Entwurf hat damit bedeutenden Einfluss auf die Senkung der Gesamtkosten des Projekts.

Bei der Vorbereitung auf den Programmentwurf ist zuerst die Frage zu beantworten: »Welches Problem versuche ich, zu lösen?« Jedes Programm sollte ein klares, gut formuliertes Ziel besitzen. Sogar bei den einfachsten Programmen in diesem Buch begegnen Sie diesem Ansatz.

Die zweite Frage für jeden guten Programmierer ist: »Kann man das Ziel erreichen, ohne benutzerspezifische Software schreiben zu müssen?« Die Wiederverwendung eines vorhandenen Programms & dessen Anpassung beziehungsweise der Kauf von konfektionierter Software sind auch oft bessere Lösungen für ein Problem, als etwas Neues zu schreiben. Der Programmierer, der diese Alternativen zu bieten hat, wird niemals arbeitslos; auf der Suche nach kostengünstigen Lösungen für die aktuellen Probleme bieten sich immer neue Möglichkeiten für die Zukunft.

Hat man das Problem schließlich erfasst, & ist das Schreiben eines neuen Programms erforderlich, kann man mit dem Entwurf beginnen.

2.1 Compiler so wie der Editor

Möglicherweise verfügt Ihr Compiler über einen eigenen Editor beziehungsweise Sie verwenden einen kommerziellen Texteditor beziehungsweise die Textverarbeitung, die Textdateien erzeugen kann. Mit welchem Werkzeug Sie Ihr Programm auch erstellen, es muss die Textdateien ohne eingebettete Steuerbefehle liefern. Beispiele für »sichere« Editoren sind auch der zu Windows gehörende Editor, der über den DOS-Befehl Edit aufrufbare Editor, Brief, Epsilon, EMACS & vi. Kommerzielle Textverarbeitungen wie WordPerfect, Word & Dutzende andere bieten ebenfalls die Möglichkeit, das Dokument als einfache Textdatei zu speichern.

Die Dateien, die Sie mit Ihrem Editor erstellen, bezeichnet man als Quelldateien. Normalerweise erhalten diese Dateien unter C++ die Dateierweiterung .CPP, .CP beziehungsweise .C. In diesem Buch sind auch alle Quellcodedateien einheitlich mit der Erweiterung .CPP versehen. Prüfen Sie bitte, welche Erweiterungen Ihr Compiler benötigt.

Bei den meisten C++-Compilern hat die Erweiterung der Quelldateien die besondere Bedeutung. Gibt man jedoch die Erweiterung explizit an, verwenden viele Compiler per Vorgabe die Erweiterung .CPP.

2.2 Was sollte ich nicht?

Erstellen Sie den Quellcode mit einem einfachen Texteditor beziehungsweise arbeiten Sie mit dem Editor, der zum Compiler gehört.

Verwenden Sie die Textverarbeitung, die spezielle Formatierungszeichen speichert. Sollten Sie doch mit einer Textverarbeitung arbeiten, speichern Sie die Datei als ASCII-Text.

Speichern Sie Ihre Dateien mit den Erweiterungen .C, .CP beziehungsweise .CPP.

Machen Sie sich anhand der Dokumentation mit den Eigenheiten Ihres Compilers & Linkers vertraut, damit Sie wissen, wie Programme zu kompilieren & zu linken sind.

2.3 Quellcode kompilieren

Obwohl der Quellcode in Ihrer Datei etwas kryptisch aussieht & jeder, der sich mit C++ nicht auskennt, kaum versteht, für was das Ganze gut ist, haben wir es trotzdem mit einer für den Menschen verständlichen Form zu tun. Die Quellcodedatei ist kein Programm, & lässt sich auch nicht wie ein Programm ausführen.

Für die Überführung des Quellcodes in ein Programm verwendet man einen Compiler. Wie man den Compiler aufruft & ihm den Standort der Quelldatei angibt, ist vom konkreten Compiler abhängig. Sehen Sie dazu in der entsprechenden Dokumentation nach.

2.4 Kompilieren in der integrierten Umgebung

Die meisten modernen Compiler bieten die sogenannte integrierte Entwicklungsumgebung. Hier wählt man normalerweise ERSTELLEN beziehungsweise KOMPILIEREN aus einem Menü beziehungsweise es steht die Funktionstaste für das Erstellen der Anwendung zur Verfügung. Auch hier sollten Sie einen Blick in die Dokumentation des jeweiligen Compilers werfen.

2.5 Programm linken

Durch das Kompilieren des Quellcodes entsteht die sogenannte Objektdatei (in der Regel mit der Erweiterung .OBJ). Jedoch handelt es sich auch hier noch nicht um ein ausführbares Programm. Die Objektdatei überführt man mit einem Linker in ein ausführbares Programm.

C++-Programme werden in der Regel durch das Verknüpfen (Linken) einer beziehungsweise mehrerer Objektdateien mit einer beziehungsweise mehreren Bibliotheken erzeugt. Unter einer Bibliothek versteht man die Sammlung verknüpfungsfähiger Dateien, die Sie selbst erzeugt haben, die der Compiler bereitstellt beziehungsweise die Sie separat erworben haben. Zu allen C++-Compilern gehört die Bibliothek nützlicher Funktionen (beziehungsweise Prozeduren) & Klassen, die Sie in Ihr Programm aufnehmen können. Die Funktion ist ein Codeblock, der die bestimmte Aufgabe realisiert, beispielsweise das Addieren zweier Zahlen beziehungsweise die Ausgabe auf den Bildschirm. Unter einer Klasse versteht man die Sammlung von Daten & verwandten Funktionen. Auf Klassen gehen wir noch im Detail ein.

Kapitel 3: Entwicklungszyklus

Wenn jedes Programm sofort beim ersten Ausprobieren funktionieren würde, hätten wir es mit folgendem vollständigen Entwicklungszyklus zu tun: Schreiben des Programms, Kompilieren des Quellcodes, Linken des Programms & Ausführen des Programms. Leider enthält fast jedes Programm irgendwelche Fehler – sogenannte Bugs – auch wenn sie manchmal nur trivial sind. Einige Bugs verhindern bereits das Kompilieren, bei manchen Fehlern kann man das Programm nicht linken, & einige Fehler zeigen sich erst bei der Ausführung des Programms.

Welchen Fehler Sie auch finden, er ist zu beseitigen. & dazu gehört die Bearbeitung des Quellcodes, das erneute Kompilieren & Linken & schließlich ein neuer Start des Programms.

3.1 HELLO.CPP – Ihr erstes C++-Programm

Es ist schon Tradition, dass ein Programmierbuch mit einem Programm beginnt, das die Worte „Hello World" auf den Bildschirm bringt beziehungsweise die ähnliche Aufgabe realisiert. Auch wir bleiben dieser Tradition treu.

Tippen Sie das erste Programm direkt in Ihren Editor – genau wie dargestellt – ein. Nachdem Sie den Quelltext kritisch durchgesehen haben, speichern Sie die Datei, kompilieren sie, linken sie & führen sie aus. Auf dem Bildschirm erscheinen die Worte „Hello World". Kümmern Sie sich momentan noch nicht darum, wie das Ganze funktioniert, das Programm soll Sie nur mit dem Entwicklungszyklus vertraut machen. Die einzelnen Aspekte dieses Programms sind auch Gegenstand der nächsten Lektionen.

Das folgende Listing enthält an der linken Seite Zeilennummern. Diese dienen lediglich der Bezugnahme in diesem Buch & sind auch nicht als Teil des Quelltextes im Editor einzugeben. Beispielsweise geben Sie die Zeile 1 von Listing 1.1 in der folgenden Form ein:

```
#include <iostream.h>
```

Listing 1.1: HELLO.CPP, Hello World

```
#include <iostream.h>

int main()

{

cout < „Hello World!n";

return 0;

}
```

Vergewissern Sie sich, dass alles exakt wie dargestellt eingegeben wurde. Achten Sie insbesondere auf die Satzzeichen. Das Symbol < in Zeile 5 ist ein Umleitungssymbol, das man auf deutschen Tastaturen rechts neben der linken (a)-Taste findet.

Prüfen Sie auch, ob die Compilerdirektiven entsprechend eingestellt sind. Die meisten Compiler linken automatisch. Trotzdem sollten Sie in der Dokumentation nachsehen. Wenn Sie Fehler erhalten, überprüfen Sie zunächst sorgfältig den eingegebenen Code & suchen nach Abweichungen von Listing 1.1. Wenn Sie einen Fehler erhalten, wie etwa Include-Datei kann nicht geöffnet werden: ,iostream.h'..., sollten Sie sich in der Dokumentation zu Ihrem Compiler über die Einstellungen für den Include-Pfad & die Umgebungsvariablen informieren. Wenn Sie einen Fehler erhalten, dass es keinen Prototyp für main gibt, fügen Sie die Zeile int main(); unmittelbar vor dem ersten int main(); ein. Diese Zeile müssen Sie jedem Programm in diesem Buch vor Beginn der Funktion main hinzufügen. Viele Compiler erfordern das nicht, bei einigen ist es jedoch erforderlich. Das fertige Programm sieht folgendermaßen aus:

```
#include <iostream.h>

int main();

int main()

{

cout < „Hello World!n";

return 0;

}
```

Führen Sie nun Hello.exe aus. Auf dem Bildschirm sollte der Text

„Hello World!"

erscheinen. Sollte das so sein, Gratulation! Sie haben gerade Ihr erstes C++-Programm eingegeben, kompiliert & ausgeführt. Es ist vielleicht nicht gerade berauschend, jedoch nahezu jeder professionelle C++-Programmierer hat genau mit diesem Programm begonnen.

3.2 Fehler in der Kompilierzeit

Fehler zur Kompilierzeit dürfen verschiedenste Ursachen haben. Gewöhnlich sind auch sie das Ergebnis eines Schreibfehlers beziehungsweise einer anderen Nachlässigkeit. Gute Compiler weisen nicht nur darauf hin, was Sie falsch gemacht haben, sie zeigen genau die Stelle im Code an, wo der Fehler aufgetreten ist. Die besten Compiler schlagen sogar die Lösung vor!

Einen Compilerfehler dürfen Sie sich in der Praxis ansehen, indem Sie absichtlich einen Fehler in das Programm einbauen. Nachdem Sie Hello.cpp erst einmal richtig zum Laufen gebracht haben, bearbeiten Sie nun die Quelldatei (nach Listing 1.1) & entfernen die schließende Klammer auf Zeile 7. Das Programm entspricht nun Listing 1.2.

Listing 1.2: Demonstration eines Compilerfehlers

```
#include <iostream.h>

int main()

{

cout < „Hello World!n";

return 0;
```

3.3 Zusammenfassung

Nach dem Studium dieses Kapitels sollten Sie einen Überblick haben, wie sich C++ entwickelt hat, & für welche Art von Problemlösungen diese Sprache geschaffen wurde. Sie sollten sich bestärkt fühlen, dass das Erlernen von C++ die richtige Wahl für jeden an der Programmierung Interessierten im nächsten Jahrzehnt ist. C++ stellt die Werkzeuge der objektorientierten Programmierung & die Leistung einer systemnahen Sprache bereit, was C++ zur bevorzugten Entwicklungssprache macht.

In diesem ganz am Anfang stehenden Kapitel haben Sie gelernt, wie Sie Ihr erstes C++-Programm schreiben, kompilieren, linken & ausführen, & wie der normale Entwicklungszyklus aussieht. Außerdem haben Sie sich ein wenig mit dem Grundanliegen der objektorientierten Programmierung vertraut gemacht.

Kapitel 4: Teile von einem einfachen Programm

Das einfache Programm HELLO.CPP aus der ersten Stunde weist verschiedene interessante Teile auf. Der vorliegende Abschnitt untersucht dieses Programm eingehender. Listing 2.1 zeigt noch einmal die Originalversion des Programms HELLO.CPP.

Listing 2.1: HELLO.CPP demonstriert die Teile eines C++-Programms

```
#include <iostream.h>

int main()

{

cout < „Hello World!n";

return 0;

}
```

Hello World!

Zeile 1 bindet die Datei IOSTREAM.H in die Datei HELLO.CPP ein. Für den Compiler stellt sich das so dar, als hätte man den gesamten Inhalt der Datei IOSTREAM.H unmittelbar an den Anfang von HELLO.CPP eingegeben.

4.1 Anweisung #include

Das Symbol # ist ein Signal an ein besonderes Programm. Der Compiler ruft nämlich als Erstes einen sogenannten Präprozessor auf. Dessen Aufgabe besteht darin, den Quellcode nach Zeilen zu durchsuchen, die mit dem Nummernzeichen (#) beginnen. Sobald die derartige Zeile auftaucht, modifiziert der Präprozessor den Code & übergibt ihn in der geänderten Form an den Compiler.

Include (englisch: einbinden) ist die Präprozessoranweisung in der Bedeutung: »Es folgt ein Dateiname. Suche die Datei & lies sie genau an diese Stelle ein.« Die spitzen Klammern um den Dateinamen weisen den Präprozessor an, »an allen üblichen Plätzen nach dieser Datei zu suchen«. Wenn Ihr Compiler korrekt eingerichtet ist, bewirken die spitzen Klammern, dass der Präprozessor nach der Datei IOSTREAM.H im Verzeichnis mit allen H-Dateien für Ihren Compiler sucht. Die Datei IOSTREAM.H (Input-Output-Stream) ist für cout erforderlich & unterstützt das Schreiben auf den Bildschirm.

Zeile 1 bewirkt das Einbinden der Datei IOSTREAM.H in dieses Programm, als hätte man den entsprechenden Quelltext selbst eingetippt. Der Compiler erhält die Quelldatei bereits mit der an der richtigen Stelle eingebundenen Datei IOSTREAM.H.

4.2 Zeilenweise Analyse

In Zeile 3 beginnt das eigentliche Programm mit einer Funktion namens main. Jedes C++-Programm verfügt über die main-Funktion. Im Allgemeinen ist die Funktion ein Codeblock, der die beziehungsweise mehrere Aktionen ausführt. Funktionen werden von anderen Funktionen aufgerufen, wobei die Funktion main die Sonderstellung einnimmt. Bei Start des Programms erfolgt der Aufruf von main automatisch.

Wie alle anderen Funktionen muss auch main festlegen, welche Art von Rückgabewert sie liefert. Auch hier nimmt main die Sonderstellung ein: Diese Funktion gibt immer int (die ganze Zahl) zurück. Alle Funktionen beginnen mit einer öffnenden geschweiften Klammer ({) & enden mit einer schließenden geschweiften Klammer (}). Die geschweiften Klammern für die Funktion main stehen in den Zeilen 4 & 7. Alles zwischen der öffnenden & der schließenden Klammer ist Teil der Funktion.

Die »Knochenarbeit« dieses Programms leistet Zeile 5. Das Objekt cout gibt die Meldung auf dem Bildschirm aus. Zum Lieferumfang des Compilers gehört cout & das verwandte Objekt cin. Diese Objekte realisieren im System die Ausgabe auf den Bildschirm & die Eingabe über die Tastatur.

Im Anschluss an das Objekt cout steht der Umleitungsoperator (<), den man durch zweimaliges Betätigen der (< -Taste erzeugt. Alles, was auf den Umleitungsoperator folgt, erscheint auf dem Bildschirm. Möchten Sie die Zeichenfolge ausgeben, ist diese in Anführungszeichen („) wie in Zeile 5 zu setzen.

Die Textzeichenfolge ist die Folge von druckbaren Zeichen. Die beiden letzten Zeichen, n, weisen cout an, die neue Zeile nach dem Text Hello World! auszugeben.

Zeile 6 gibt den Wert 0 an das Betriebssystem zurück. Bei manchen Systemen dient der Rückgabewert als Signal, ob die Funktion fehlerfrei beziehungsweise fehlerhaft ausgeführt wurde. Per Konvention kennzeichnet 0 die fehlerfreie Operation, jede andere Zahl einen Fehler. Die heutigen fensterorientierten Systeme verwenden diesen Wert fast nie, sodass alle Programme in diesem Buch die 0 zurückgeben.

Die Funktion main endet in Zeile 7 mit der schließenden geschweiften Klammer.

4.3 Die Kommentare

Wenn man ein Programm schreibt, ist alles sonnenklar & bedarf keiner weiteren Erläuterung. Kehrt man jedoch einen Monat später zu diesem Programm zurück, sieht die Welt schon anders aus. Die selbst verfassten Zeilen geben nur noch Rätsel auf.

Um diese Unklarheiten von vornherein zu bekämpfen & anderen Personen das Verständnis des Codes zu erleichtern, schreibt man gewöhnlich Kommentare in das Programm. Dabei handelt es sich einfach um Text, den der Compiler ignoriert, der jedoch den Leser über die Wirkung des Programms an bestimmten Punkten informiert.

4.4 Die Typen der Kommentare

In C++ unterscheidet man zwei Arten von Kommentaren. Der Kommentar mit doppelten Schrägstrichen im Stil von C++ weist den Compiler an, alles nach den Schrägstrichen bis zum Ende der Zeile zu ignorieren.

Der durch Schrägstrich & Sternchen (/*) eingeleitete Kommentar weist den Compiler an, alles zu ignorieren, bis die abschließende Kommentarmarkierung (*/) erscheint. Diese Markierungen sind auch Kommentare im Stil von C & wurden in C++ übernommen. Achten Sie darauf, dass jedes /* durch ein entsprechendes */ abzuschließen ist.

Viele C++-Programmierer verwenden vorrangig Kommentare im Stil von C++ & heben sich die C-artigen Kommentare für das Ausklammern von großen Programmblöcken auf. Man kann C++-Kommentare innerhalb eines durch C-Kommentare »auskommentierten« Blocks einbinden. Alles, einschließlich der C++Kommentare, wird zwischen den C-Kommentarmarken ignoriert. Kommentare kosten nichts, der Compiler ignoriert sie, & sie haben keinen Einfluss auf die Leistung des Programms. Listing 2.2 verdeutlicht die Verwendung von Kommentaren.

Listing 2.2: Hello.cpp mit Kommentaren

#include <iostream.h>

int main()

{

/* Das ist ein Kommentar, der

bis zum schließenden Kommentarzeichen aus

Sternchen & Schrägstrich geht */ cout < „Hello World!n"; // Dieser Kommentar geht nur bis zum Zeilenende cout < „Dieser Kommentar ist beendet!";

/* genau wie diese Kommentare */

return 0;

}

// Diese Kommentare dürfen allein auf einer Zeile stehen

Hello World!

Dieser Kommentar ist beendet!

Die Kommentare in den Zeilen 5 bis 7 ignoriert der Compiler gänzlich. Das Gleiche gilt für die Kommentare in den Zeilen 9, 12 & 13. Der Kommentar auf Zeile 9 geht nur bis zum Zeilenende, während die Kommentare in den Zeilen 5 & 13 ein schließendes Kommentarzeichen erfordern.

4.5 Die Funktionen

Die Funktion main ist etwas ungewöhnlich. Beim Start des Programms ruft das Betriebssystem die Funktion main auf. Andere Funktionen werden während des Programmlaufs von main beziehungsweise von einer anderen Funktion aufgerufen.

Die Funktion main gibt immer einen int-Wert zurück, der Ausdruck für die ganze Zahl in C++. Wie die kommenden Kapitel zeigen, dürfen andere Funktionen, andere Datentypen beziehungsweise auch überhaupt nichts zurückgeben.

Ein Programm wird zeilenweise entsprechend der Reihenfolge im Quellcode ausgeführt. Bei einem Funktionsaufruf verzweigt das Programm, um die Funktion auszuführen. Nach Abarbeitung der Funktion geht die Steuerung des Programms an die nächste Zeile in der aufrufenden Funktion zurück.

Stellen Sie sich vor, dass Sie ein Bild von sich selbst zeichnen. Sie zeichnen den Kopf, die Augen, die Nase – & plötzlich bricht Ihr Bleistift ab. Sie »verzweigen« nun in die Funktion »Bleistift spitzen«. Das heißt, Sie hören mit dem Zeichnen auf, stehen auf, gehen zur Spitzmaschine, spitzen den Stift, kehren an Ihre Arbeit zurück & setzen sie dort fort, wo Sie aufgehört haben - (wahrscheinlich zeichnen Sie gerade Ihr Kinn).

Muss ein Programm einen Dienst ausführen lassen, ruft es die Funktion auf, um diesen Dienst auszuführen, & setzt das Programm nach Rückkehr aus der Funktion nach dem Funktionsaufruf fort.

Listing 2.3: Aufruf der Funktion

```
#include <iostream.h>

// Funktion DemonstrationFunction
```

19

// gibt die Meldung aus

void DemonstrationFunction()

{ cout < „In DemonstrationFunctionn";

}

// Funktion main – gibt die Meldung aus, ruft // dann Demonstrati-onFunction auf, gibt danach // die zweite Meldung aus. int main()

{

cout < „In mainn" ;

DemonstrationFunction();

cout < „Zurueck in mainn";

return 0; }

In main

In DemonstrationFunction

Zurueck in main

Die Zeilen 5 bis 8 enthalten die Definition der Funktion Demonstrati-onFunction. Die Funktion gibt die Meldung auf dem Bildschirm aus & kehrt dann zum Aufrufer zurück.

In Zeile 13 beginnt das eigentliche Programm. In Zeile 15 gibt die Funktion main die Meldung aus, dass sich das Programm soeben in der Funktion main befindet. Nach der Ausgabe der Meldung ruft Zeile 16 die Funktion DemonstrationFunction auf. Dieser Aufruf bewirkt die Ausführung der Befehle in DemonstrationFunction. In diesem Fall besteht die gesamte Funktion aus dem Code in Zeile 7, der die weitere Meldung ausgibt. Nach vollständiger Abarbeitung der Funktion DemonstrationFunction in Zeile 8 kehrt die Programmausführung an die Stelle zurück, wo der Aufruf der Funktion erfolgte. Im Beispiel kehrt das Programm zu Zeile 17 zurück & die Funktion main gibt die abschließende Meldung aus.

Funktionen geben entweder einen Wert beziehungsweise void (das heißt *nichts*) zurück. Die Funktion zur Addition von zwei ganzen Zahlen liefert sicherlich die Summe zurück & man definiert diesen Rückgabewert vom Typ Integer. Die Funktion, die lediglich die Meldung ausgibt, hat nichts zurückzugeben & wird daher als void (zu Deutsch: leer) deklariert.

Funktionen gliedern sich in Kopf & Rumpf. Der Kopf besteht wiederum aus dem Rückgabetyp, dem Funktionsnamen & den Parametern. Mit Parametern lassen sich Werte an die Funktion übergeben. Soll die Funktion beispielsweise zwei Zahlen addieren, stellen die Zahlen die Parameter für die Funktion dar. Ein typischer Funktionskopf sieht folgendermaßen aus:

int Sum(int a, int b)

Als Parameter bezeichnet man im engeren Sinn nur die Deklaration des zu übergebenden Datentyps. Der eigentliche Wert, den die aufrufende Funktion übergibt, heißt Argument. Viele Programmierer machen keinen Unterschied zwischen den Begriffen »Parameter« & »Argument«, während andere genau auf diese technische Unterscheidung achten. Im Buch kommen beide Ausdrücke gleichberechtigt vor.

Der Name der Funktion & deren Parameter (d. h. der Funktionskopf ohne den Rückgabewert) sind auch die Signatur der Funktion.

Der Rumpf einer Funktion besteht aus einer öffnenden geschweiften Klammer, einer beliebigen Zahl von Anweisungen (0 beziehungswei-

21

se mehr) & einer schließenden, geschweiften Klammer. Die Anweisungen erledigen die Arbeit der Funktion. Die Funktion kann einen Wert mit der Anweisung return zurückgeben. Diese Anweisung bewirkt auch das Verlassen der Funktion. Wenn man die return-Anweisung vorsieht, liefert die Funktion am Ende automatisch void zurück. Der zurückgegebene Wert muss dem im Funktionskopf deklarierten Typ entsprechen.

Listing 2.4 zeigt die Funktion, die zwei ganzzahlige Parameter übernimmt, & einen ganzzahligen Wert zurückgibt. Kümmern Sie sich momentan nicht um die Syntax beziehungsweise die Einzelheiten, wie man mit Integer-Werten (beispielsweise int x) arbeitet. Wir kommen bald darauf zurück.

Listing 2.4: FUNC.CPP demonstriert die einfache Funktion

```
#include <iostream.h>

int Add (int x, int y)

{ 4:

cout < „In Add(), erhalten „ < x < „ & „ < y < „n";

return (x+y);

}

int main()

{

cout < „Ich bin in main()!n";
```

```
int a, b, c;

cout < „Geben Sie zwei Zahlen ein: „;

cin >> a;

cin >> b;

cout < „nAufruf von Add()n“;

c=Add(a,b);

cout < „nZurueck in main().n“;

cout < „c wurde gesetzt auf „ < c;

cout < „nBeenden...nn“;

return 0;

  }
```

Ich bin in main()!

Geben Sie zwei Zahlen ein: 3 5

Aufruf von Add()

In Add(), erhalten 3 & 5

Zurueck in main().

c wurde gesetzt auf 8

Beenden...

Manuel Leier

Zeile 2 definiert die Funktion Add, die zwei ganzzahlige Parameter übernimmt & einen ganzzahligen Wert zurückgibt. Das Programm selbst beginnt in Zeile 11 & gibt hier die Meldung aus. Das Programm fordert den Benutzer zur Eingabe von zwei Zahlen auf (Zeilen 13 bis 15). Der Benutzer tippt die beiden Zahlen durch ein Leerzeichen getrennt ein & drückt die (Eingabe-)Taste. Die Funktion main übergibt die beiden vom Benutzer eingegebenen Zahlen als Argumente in Zeile 17 an die Funktion Add.

Der Programmablauf verzweigt in die Funktion Add, die auf Zeile 2 beginnt. Die Parameter a & b werden ausgegeben & dann addiert. Zeile 6 liefert das Ergebnis an den Aufrufer & die Funktion kehrt zurück.

Die Zeilen 14 & 15 realisieren die Eingabe von Werten für die Variablen a & b über das Objekt cin & cout schreibt die Werte auf den Bildschirm. Auf Variablen & andere Aspekte dieses Programms gehen wir demnächst ein.

4.6 Die Zusammenfassung

In diesem Kapitel haben Sie ein Programm näher untersucht. Sie haben gelernt, wie man Dateien mit Hilfe von #include einbindet & wie man Kommentare sinnvoll einsetzt. Außerdem haben Sie das Wesen einer Funktion & deren Einsatz in einem Programm kennen gelernt.

Kapitel 5: Die Variablen sowie Konstanten

Programme müssen auf irgendeine Weise die verwendeten Daten speichern. Variablen & Konstanten bieten verschiedene Möglichkeiten, um mit Zahlen & anderen Werten zu arbeiten.

In diesem Abschnitt lernen Sie, wie man Variablen & Konstanten deklariert & definiert, wie man Werte an Variablen zuweist & diese Werte manipuliert, wie man den Wert einer Variablen auf den Bildschirm schreibt.

Variablen kennen Sie sicherlich noch aus Ihrer Schulzeit (etwa in der Gleichung x = 1.5).

Aus Sicht des Programmierers ist die Variable die Stelle im Hauptspeicher des Computers, in der man einen Wert ablegen & später wieder abrufen kann.

Um das zu verstehen, muss man zuerst etwas über die Arbeitsweise des Hauptspeichers wissen. Man kann sich den Hauptspeicher als die Reihe von Fächern vorstellen, die in einer langen Reihe angeordnet sind. Jedes Fach – beziehungsweise Speicherstelle – ist fortlaufend nummeriert. Diese Nummern bezeichnet man als Speicheradressen beziehungsweise einfach als Adressen.

Variablen haben nicht nur Adressen, sondern auch Namen. Beispielsweise kann man die Variable namens myAge erzeugen. Diese Variable ist ein Bezeichner für eines der Fächer, damit man es leicht finden kann, ohne dessen Speicheradresse zu kennen.

RAM steht für Random Access Memory – Speicher mit wahlfreiem Zugriff. Bei Ausführung eines Programms wird dieses von der Datei auf dem Datenträger (beispielsweise Festplatte, Diskette) in den RAM geladen. Alle Variablen werden ebenso im RAM erzeugt. Spricht ein Programmierer vom Speicher, meint er damit gewöhnlich den RAM.

5.1 Einen Speicher reservieren

Wenn man die Variable in C++ definiert, muss man dem Compiler nicht nur deren Namen, sondern auch den Typ der aufzunehmenden Informationen mitteilen, beispielsweise Ganzzahl beziehungsweise Zeichen. Wir nennen das den Typ der Variablen. Anhand dieser Information weiß der Compiler, wie viel Platz im Speicher für die Aufnahme des Werts der Variablen zu reservieren ist.

Jedes Fach ist ein Byte groß. Wenn die erzeugte Variable zwei Byte benötigt, muss man zwei Byte im Speicher – beziehungsweise zwei Fächer – reservieren.

5.2 Größe von Integer-Werten

Jeder Variablentyp belegt im Speicher einen Platz, dessen Größe immer gleichbleibend ist, auf verschiedenen Computern jedoch unterschiedlich groß sein kann. Das heißt, ein int nimmt auf der einen Maschine zwei Byte, auf einer anderen vielleicht vier ein – jedoch auf ein & demselben Computer ist dieser Platz immer gleich groß, tagein, tagaus.

Die Variable vom Typ char (zur Aufnahme von Zeichen) ist gewöhnlich ein Byte lang. Ein short int belegt auf den meisten Computern zwei Byte, ein long int ist normalerweise vier Byte lang & ein int (ohne das Schlüsselwort short beziehungsweise long) kann zwei beziehungsweise vier Byte einnehmen. Wenn Sie unter Windows 98 beziehungsweise Windows NT arbeiten, wird der Typ int vier Byte belegen.

Mit dem Programm in Listing 3.1 lässt sich die genaue Größe dieser Typen auf Ihrem Computer bestimmen.

Listing 3.1: Die Größe der Variablentypen für einen Computer bestimmen

```
#include <iostream.h>

int main()

{

cout < „Groesse eines int:tt" < sizeof(int) < „ Bytes.n";

cout < „Groesse eines short int:t" < sizeof(short) < „ Bytes.n";

cout

cout

cout

cout

cout

< „Groesse eines long int:tt" < sizeof(long) < „ Bytes.n";

< „Groesse eines char:tt"

< „Groesse eines bool:tt"

< „Groesse eines float:tt"

< „Groesse eines double:tt"

< sizeof(char) < „ Bytes.n";

< sizeof(bool) < „ Bytes.n";
```

< sizeof(float) < „ Bytes.n";

< sizeof(double) < „ Bytes.n";

4 bytes.

2 bytes.

4 bytes.

1 bytes.

1 bytes.

4 bytes.

8 bytes.

return 0;

}

Groesse eines int: Groesse eines short int: Groesse eines long int: Groesse eines char: Groesse eines bool: Groesse eines float: Groesse eines double:

Die tatsächliche Anzahl der angezeigten Bytes kann auf Ihrem Computer abweichen.

Der größte Teil von Listing 3.1 sollte Ihnen bekannt vorkommen. Das Neue hier ist die Verwendung der Funktion sizeof in den Zeilen 5 bis 11. Die Funktion sizeof gehört zum Lieferumfang des Compilers & gibt die Größe des als Parameter übergebenen Objekts an. Beispielsweise wird in Zeile 5 das Schlüsselwort int an die Funktion sizeof übergeben. Mittels sizeof kann man feststellen, ob auf einem bestimmten Computer ein int gleich einem short int ist, & 2 Byte belegt.

5.3 Das Signed & das Unsigned

Die ganzzahligen Typen kommen außerdem in zwei Versionen vor: mit Vorzeichen (signed) & ohne Vorzeichen (unsigned). Hier liegt der Gedanke zugrunde, dass man manchmal zwar negative Zahlen benötigt, manchmal jedoch auch nicht. Ganze Zahlen (short & long) ohne das Wort unsigned werden als signed (d. h. vorzeichenbehaftet) angenommen. Vorzeichenbehaftete Ganzzahlen sind auch entweder negativ beziehungsweise positiv, während ganze Zahlen ohne Vorzeichen (unsigned int) immer positiv sind.

Da sowohl für vorzeichenbehaftete als auch vorzeichenlose Ganzzahlen dieselbe Anzahl von Bytes zur Verfügung steht, ist die größte Zahl, die man in einem unsigned int speichern kann, doppelt so groß, wie die größte positive Zahl, die man in einem signed int unterbringt. Ein unsigned short int kann Zahlen von 0 bis 65535 speichern. Bei einem signed short int ist die Hälfte der Zahlen negativ. Daher kann ein signed short Zahlen im Bereich von −32768 bis 32767 darstellen.

5.4 Die grundlegenden Variablen

In C++ gibt es weitere Variablentypen, die man zweckentsprechend in ganzzahlige Variablen (die bisher behandelten Typen), Gleitpunktvariablen & Zeichenvariablen einteilt.

Im Englischen verwendet man als Dezimalzeichen den Punkt, im Deutschen das Komma. Da C++ nur den Punkt akzeptiert, verwenden wir hier den Begriff Gleitpunktzahlen statt Gleitkommazahlen & geben Zahlenwerte in der entsprechenden Form mit Dezimalpunkt & Komma als Tausendertrennzeichen an.

Die Werte von Gleitpunktvariablen lassen sich als Bruchzahlen ausdrücken – d. h. als reelle Zahlen. Zeichenvariablen nehmen ein einzelnes Byte auf & dienen der Speicherung der 256 möglichen Zeichen & Symbole der ASCII & erweiterten ASCII-Zeichensätze.

Der ASCII-Zeichensatz ist ein Standard, der die im Computer verwendeten Zeichen definiert. ASCII steht als Akronym für American Standard Code for Information Interchange (amerikanischer Standardcode für den Informationsaustausch). Nahezu jedes Computerbetriebssystem unterstützt ASCII. Daneben sind auch meistens weitere internationale Zeichensätze möglich.

Die in C++-Programmen verwendeten Variablentypen sind auch in Tabelle 3.1 aufgeführt. Diese Tabelle zeigt den Variablentyp, den belegten Platz im Speicher (Grundlage ist der Computer des Autors) & den möglichen Wertebereich, der sich aus der Größe des Variablentyps ergibt.

Vergleichen Sie dazu die Ausgabe des Programms aus Listing 3.1.

Typ

unsigned short int short int unsigned long int long int

char bool float double

Größe

2 Byte 2 Byte 4 Byte 4 Byte 1 Byte 1 Byte 4 Byte 8 Byte

Wert

0 bis 65,535 −32,768 bis 32,767 0 bis 4,294,967,295 −2,147,483,648 bis 2,147,483,647 256 Zeichenwerte TRUE beziehungsweise FALSE 1.2e-38 bis 3.4e38 2.2e-308 bis 1.8e308

5.5 Eine Variable definieren

Die Variable erzeugt beziehungsweise definiert man, indem man den Typ, mindestens ein Leerzeichen, den Variablennamen & ein Semikolon schreibt. Als Variablenname eignet sich nahezu jede Buchstaben-/ Ziffernkombination, die jedoch die Leerzeichen enthalten darf. Gültige Variablennamen sind auch beispielsweise x, J23qrsnf & meinAlter. Gute Variablennamen sagen bereits etwas über den Verwendungszweck der Variablen aus & erleichtern damit das Verständnis für den Programmablauf. Die folgende Anweisung definiert die Integervariable namens meinAlter:

int meinAlter;

In der Programmierpraxis hat es sich eingebürgert, möglichst aussagekräftige Namen für die Variable zu verwenden. Namen, wie meinAlter beziehungsweise wie viele, sind auch leichter zu verstehen & zu merken als Namen wie xJ4 beziehungsweise theInt. Bei Verwendung guter Variablennamen kommt man mit weniger Kommentaren zur Erläuterung des Codes aus.

Probieren Sie Folgendes aus: Versuchen Sie anhand der ersten Codezeilen zu ergründen, was die Codefragmente bewirken:

Beispiel 1

```
main() {

unsigned short x; unsigned short y; unsigned int z; z = x * y;

}
```

Beispiel 2

```
main () {

unsigned short Breite; unsigned short Laenge; unsigned int Flaeche;
Flaeche = Breite * Laenge;

}
```

5.6 Die Groß- & Kleinschreibung

Variablen & Konstanten

C++ beachtet die Groß-/Kleinschreibung & behandelt demnach Groß-buchstaben & Kleinbuchstaben als verschiedene Zeichen. Die Variable namens alter unterscheidet sich von Alter & diese wiederum von ALTER.

Bestimmte Compiler gestatten es, die Abhängigkeit von der Groß-/Kleinschreibung zu deaktivieren. Das ist jedoch nicht zu empfehlen, da Ihre Programme bei anderen Compilern eventuell nicht funktionieren & andere C++-Programmierer mit Ihrem Code nicht klarkommen.

Viele Programmierer bevorzugen bei Variablennamen Kleinbuchstaben. Wenn der Name aus zwei Wörtern besteht (beispielsweise mein Auto), gibt es zwei übliche Konventionen: mein_Auto beziehungsweise meinAuto.

5.7 Die Schlüsselwörter

In C++ sind auch bestimmte Wörter reserviert, die man u. a. nicht als Variablennamen verwenden darf. Es handelt sich dabei um die Schlüsselwörter, mit denen der Compiler das Programm steuert. Zu den Schlüsselwörtern gehört beispielsweise if, while, for & main. In der Dokumentation Ihres Compilers finden Sie die vollständige Liste. Im Allgemeinen ist jedoch jeder aussagekräftige Name für die Variable fast mit Sicherheit kein Schlüsselwort.

5.8 Und was nicht?

Definieren Sie die Variable durch Angabe des Typs & dem sich anschließenden Variablennamen.

Verwenden Sie aussagekräftige Variablennamen. Denken Sie daran, dass C++ die Groß-/Kleinschreibung berücksichtigt. Verwenden Sie die Schlüsselwörter von C++ als Variablennamen. Verwenden Sie die unsigned-Variablen für negative Zahlen.

Informieren Sie sich über die Anzahl der Bytes für jeden Variablentyp im Speicher & die möglichen Werte, die sich mit dem jeweiligen Typ darstellen lassen.

Kapitel 6: Mehrere Variablen gleichzeitig erzeugen

In einer Anweisung lassen sich mehrere Variablen desselben Typs gleichzeitig erzeugen, indem man den Typ schreibt, & dahinter die Variablennamen durch Kommas getrennt angibt. Dazu ein Beispiel:

unsigned int meinAlter, meinGewicht; // zwei Variablen vom Typ unsigned int long Flaeche, Breite, Laenge; // drei Variablen vom Typ long

Wie man sieht, werden meinAlter & meinGewicht gemeinsam als Variablen vom Typ unsigned int deklariert. Die zweite Zeile deklariert drei eigenständige Variablen vom Typ long mit den Namen Flaeche, Breite & Laenge. Der Typ (long) wird allen Variablen zugewiesen, sodass man in einer Definitionsanweisung die unterschiedlichen Typen festlegen kann.

6.1 Einige Werte zu Variablen zuweisen

Einen Wert weist man einer Variablen mithilfe des Zuweisungsoperators (=) zu. Zum Beispiel formuliert man die Zuweisung des Werts 5 an die Variable Breite wie folgt:

unsigned short Breite;

Breite = 5;

Man kann auch alle Schritte zusammenfassen & die Variable Breite bei der Definition initialisieren:

unsigned short Breite = 5;

Die Initialisierung sieht nahezu wie die Zuweisung aus & bei Integervariablen gibt es auch kaum einen Unterschied. Bei der späteren Behandlung von Konstanten werden Sie sehen, dass man bestimmte Werte initialisieren muss, da Zuweisungen nicht möglich sind.

Listing 3.2 zeigt ein vollständiges Programm, das Sie sofort kompilieren können. Es berechnet die Fläche eines Rechtecks & schreibt das Ergebnis auf den Bildschirm.

Listing 3.2: Einsatz der Variablen

// Einsatz von Variablen

#include <iostream.h>

int main()

{ 6: }

unsigned short Width = 5, Length;

Length = 10;

// einen unsigned short erzeugen & mit dem Ergebnis der Multiplikation // von Width & Length initialisieren

unsigned short Area = Width * Length;

cout <

cout <

cout <

return 0;

„Breite: „ < Width < „n"; „Laenge: „ < Length < endl; „Flaeche: „ <
Area < endl;

Breite: 5

Laenge: 10

Flaeche: 50

Zeile 2 enthält die für cout erforderliche include-Anweisung für die
Bibliothek von iostream. In Zeile 4 beginnt das Programm. In Zeile 6
wird die Variable Width als unsigned short definiert & mit dem Wert 5
initialisiert. Die weitere Variable vom Typ int, Length, wird ebenfalls
hier definiert, jedoch nicht initialisiert. In Zeile 7 erfolgt die Zuweisung des Werts 10 an die Variable Length.

Zeile 10 definiert die Variable Area vom Typ int & initialisiert sie mit
dem Wert, der sich aus der Multiplikation von Width & Length ergibt.
In den Zeilen 12 bis 15 erfolgt die Ausgabe der Variablenwerte auf
dem Bildschirm. Beachten Sie, dass das spezielle Wort endl die neue
Zeile erzeugt.

6.2 das typedef

Es ist lästig, zeitraubend & vor allem fehleranfällig, wenn man häufig
unsigned short int schreiben muss. In C++ kann man einen Alias für
diese Wortfolge mithilfe des Schlüsselworts typedef (für Typendefinition) erzeugen.

Mit diesem Schlüsselwort erzeugt man lediglich ein Synonym & keinen neuen Typ. An das Schlüsselwort typedef fügt man einen vorhandenen Typ & danach den neuen Namen an. Beispielsweise erzeugt

typedef unsigned short int USHORT

den neuen Namen USHORT, den man an jeder Stelle verwenden kann, wo man sonst unsigned short int schreiben würde. Listing 3.3 verwendet als Neuauflage von Listing 3.2 die Typendefinition USHORT anstelle von unsigned short.

Listing 3.3: typedef

// Listing 3.3 // zeigt die Verwendung des Schlüsselworts typedef 3: #include <iostream.h> typedef unsigned short int USHORT;

int main() {

USHORT Width = 5;

USHORT Length;

Length = 10;

USHORT Area = Width * Length;

// mit typedef definiert

cout < „Breite: „ < Width < „n“;

cout < „Laenge: „ < Length < endl;

cout < „Flaeche: „ < Area <endl; =“ „ return=“ return“ 0;=“0;“ }=“}“ manchen=“manchen“ führt=“führt“ dieser=“dieser“ zur=“zur“ dass=“dass“ die=“die“ einen=“einen“ bewirkt.=“bewirkt.“ hängt=“hängt“ damit=“damit“ zusammen,=“zusammen,“ das=“das“ der=“der“ beiden=“beiden“ in=“in“ größer=“größer“ als=“als“ einer=“einer“ vom=“vom“ unsigned=“unsigned“ short=“short“ werden=“werden“ &=“&“ dieses=“dieses“ an=“an“ zu=“zu“ einem=“einem“ führen=“führen“ kann.=“kann.“ vorliegenden=“vorliegenden“kann=“kann“man=“man“diese=“diese“

getrost="getrost" ignorieren.="ignorieren." verwendet="verwendet" mit="mit"typedef="typedef"erzeugte="erzeugte"für="für"int.="int." ist="ist" im="im" übrigen="übrigen" 3.2="3.2" identisch="identisch" bringt="bringt" auch="auch" gleichen="gleichen" bei="Bei" compilern="Compilern" code="Code" warnung,="Warnung," umwandlung="Umwandlung" genauigkeitsverlust="Genauigkeit sverlust" produkt="Produkt" ushorts="USHORTs" zeile="Zeile" wertebereich="Wertebereich" variablen="Variablen" typ="Typ" zuweisung="Zuweisung" produkts="Produkts" area="Area" abschneiden="Abschneiden" fall="Fall" warnung="Warnung" synonym="Synonym" ushort="USHORT" programm="Programm" listing="Listing" ausgaben.="Ausgaben." <h3="<H3"> 6.3 Wann short & wann long? </h3>

Neueinsteiger in die C++-Programmierung wissen oft nicht, wann man die Variable als long & wann als short deklarieren sollte. Die Regel ist einfach: Wenn der in der Variablen zu speichernde Wert zu groß für seinen Typ werden kann, nimmt man einen größeren Typ.

Wie Tabelle 3.1 zeigt, dürfen ganzzahlige Variablen vom Typ unsigned short (vorausgesetzt, dass sie aus 2 Bytes bestehen), nur Werte bis zu 65535 aufnehmen. Variablen vom Typ signed short dürfen nur halb so große Zahlen speichern. Obwohl Integerzahlen vom Typ unsigned long sehr große Ganzzahlen aufnehmen dürfen (4.294.967.295), hat auch dieser Typ einen begrenzten Wertebereich. Benötigt man größere Zahlen, muss man auf float beziehungsweise double ausweichen, & einen gewissen Genauigkeitsverlust in Kauf nehmen. Variable vom Typ float beziehungsweise double dürfen zwar extrem große Zahlen speichern, jedoch sind auch auf den meisten Computern nur die ersten 7 bzw. 19 Ziffern signifikant. Das bedeutet, dass die Zahl nach dieser Stellenzahl gerundet wird. Bereichsüberschreitung bei Integerwerten vom Typ unsigned.

Die Tatsache, dass Ganzzahlen vom Typ unsigned long nur einen begrenzten Wertebereich aufnehmen können, ist nur selten ein Problem.

Jedoch was passiert, wenn der Platz im Verlauf des Programms zu klein wird?

Wenn die Ganzzahl vom Typ unsigned ihren Maximalwert erreicht, schlägt der Zahlenwert um, & beginnt von vorn. Vergleichbar ist das mit einem Kilometerzähler. Listing 3.4 demonstriert den Versuch, einen zu großen Wert in einer Variablen vom Typ short int abzulegen.

Listing 3.4: Speichern von zu großen Werten in Variablen

```
#include <iostream.h>

int main()

{

unsigned short int smallNumber;

smallNumber = 65535;

cout < „Kldie Zahl: „ < smallNumber < endl;

smallNumber++;

cout < „Kldie Zahl: „ < smallNumber < endl;

smallNumber++;

cout < „Kldie Zahl: „ < smallNumber < endl;

return 0;

}
```

Kldie Zahl: 65535

Kldie Zahl: 0

Kldie Zahl: 1

Zeile 4 deklariert smallNumber vom Typ unsigned short int (auf dem Computer des Autors 2 Byte für einen Wertebereich zwischen 0 & 65535). Zeile 5 weist den Maximalwert an smallNumber zu & gibt ihn in Zeile 6 aus.

Die Anweisung in Zeile 7 inkrementiert smallNumber, d. h., sie addiert den Wert 1. Das Symbol für das Inkrementieren ist ++ (genau, wie der Name C++ die Inkrementierung von C symbolisieren soll). Der Wert in smallNumber sollte nun 65536 lauten. Da jedoch Ganzzahlen vom Typ unsigned short die Zahlen größer als 65535 speichern können, schlägt der Wert zu 0 um. Die Ausgabe dieses Werts findet in Zeile 8 statt.

Die Anweisung in Zeile 9 inkrementiert smallNumber erneut. Es erscheint nun der neue Wert 1.

Bereichsüberschreitung bei Integerwerten vom Typ signed.

Im Gegensatz zu unsigned Integerzahlen besteht bei einer Ganzzahl vom Typ signed die Hälfte des Wertebereichs aus negativen Werten. Den Vergleich mit einem Kilometerzähler stellen wir nun so an, dass er bei einem positiven Überlauf vorwärts & bei negativen Zahlen rückwärts läuft. Vom Zählerstand 0 ausgehend erscheint demnach die Entfernung 1 Kilometer entweder als 1 beziehungsweise -1. Wenn man den Bereich der positiven Zahlen verlässt, gelangt man zur größten negativen Zahl, & zählt dann weiter herunter bis Null. Listing 3.5 zeigt die Ergebnisse, wenn man auf die maximale positive Zahl in einem (signed) short int die 1 addiert.

Listing 3.5: Addieren einer zu großen Zahl auf die Zahl vom Typ signed int

```
#include <iostream.h>

int main()

{

short int smallNumber;

smallNumber = 32767;

cout < „Kldie Zahl: „ < smallNumber < endl;

smallNumber++;

cout < „Kldie Zahl: „ < smallNumber < endl;

smallNumber++;

cout < „Kldie Zahl: „ < smallNumber < endl;

return 0;

}

Kldie Zahl: 32767

Kldie Zahl: -32768

Kldie Zahl: -32767
```

Zeile 4 deklariert smallNumber dieses Mal als signed short int (wenn man nicht explizit unsigned festlegt, gilt per Vorgabe signed). Das

Programm läuft fast genau, wie das Vorherige, liefert jedoch die andere Ausgabe. Um diese Ausgabe zu verstehen, muss man die Bit-Darstellung vorzeichenbehafteter (signed) Zahlen in einer Integerzahl von 2 Byte Länge kennen. Einzelheiten finden Sie im Anhang C.

Analog zu vorzeichenlosen Ganzzahlen findet bei vorzeichenbehafteten Ganzzahlen ein Umschlagen vom größten positiven Wert in den höchsten negativen Wert statt.

Konstanten sind auch ebenso wie Variablen benannte Speicherstellen. Während sich Variablen jedoch ändern können, behalten Konstanten – wie der Name bereits sagt – immer ihren Wert.

Man muss die Konstante bei ihrer Erzeugung initialisieren, spätere Wertzuweisungen sind auch nicht möglich. Die einmal initialisierte Konstante behält diesen Wert während der gesamten Programmausführung bei.

6.4 Die literalen Konstanten

C++ kennt zwei Arten von Konstanten: Literale & Symbolische.

Die literale Konstante ist ein Wert, den man direkt in das Programm an der Stelle des Vorkommens eintippt. In der Anweisung

int meinAlter = 39; ist meinAlter die Variable vom Typ int, während 39 die literale Konstante bezeichnet. Man kann 39 keinen Wert zuweisen beziehungsweise diesen Wert ändern.

6.5 Die symbolischen Konstanten

Die symbolische Konstante wird genau wie die Variable durch einen Namen repräsentiert. Jedoch lässt sich im Gegensatz zu einer

Variablen nicht der Wert einer Konstanten nach deren Initialisierung ändern.

Wenn Ihr Programm die Integervariable namens Studenten & die Weitere namens Klassen enthält, kann man die Anzahl der Studenten berechnen, wenn die Anzahl der Klassen bekannt ist, & man weiß, dass 15 Studenten zu einer Klasse gehören:

Studenten = Klassen * 15; In diesem Beispiel ist 15 die literale Konstante. Der Code wäre leichter zu lesen, zu verstehen & zu warten, wenn man für diesen Wert die symbolische Konstante setzt:

Studenten = Klassen * StudentenProKlasse

Wenn man später die Anzahl der Studenten pro Klasse ändern möchte, braucht man das nur in der Definition der Konstanten StudentenProKlasse vorzunehmen, ohne dass man alle Stellen ändern muss, wo man diesen Wert verwendet hat.

6.6 Einige Konstanten mit dem #define definieren

Um die Konstante auf die herkömmliche Weise zu definieren, gibt man ein:

#define StudentenProKlasse 15

Beachten Sie, dass StudentenProKlasse keinen besonderen Typ (etwa int beziehungsweise char) aufweist. #define nimmt die einfache Textersetzung vor. Der Präprozessor schreibt an alle Stellen, wo StudentenProKlasse vorkommt, die Zeichenfolge 15 in den Quelltext.

Da der Präprozessor vor dem Compiler ausgeführt wird, kommt Ihr Compiler niemals mit der symbolischen Konstanten in Berührung, sondern erhält immer die Zahl 15 übergeben.

6.7 Die Konstanten mit einem const definieren

Obwohl #define funktioniert, gibt es in C++ die neue, bessere & elegantere Lösung zur Definition von Konstanten:

const unsigned short int StudentenProKlasse = 15;

Dieses Beispiel deklariert ebenfalls die symbolische Konstante namens StudentenProKlasse, dieses Mal ist jedoch StudentenProKlasse als Typ unsigned short int definiert.

Diese Version erfordert zwar mehr Tipparbeit, bietet jedoch verschiedene Vorteile. Der größte Unterschied ist der, dass diese Konstante einen Typ hat, & der Compiler die zweckmäßige – sprich typgerechte – Verwendung der Konstanten prüfen kann.

6.8 Die Aufzählungskonstanten

Aufzählungskonstanten (enum) erzeugen einen Satz von Konstanten mit einem Bereich von Werten. Beispielsweise kann man FARBE als Aufzählung deklarieren & dafür fünf Werte definieren: ROT, BLAU, GRUEN, WEISS & SCHWARZ.

Die Syntax für Aufzählungskonstanten besteht aus dem Schlüsselwort enum, gefolgt vom Typennamen, einer öffnenden geschweiften Klammer, einer schließenden geschweiften Klammer & einem Semikolon.

Dazu ein Beispiel:

enum FARBE { ROT, BLAU, GRUEN, WEISS, SCHWARZ };

Diese Anweisung realisiert zwei Aufgaben:

1. FARBE erhält den Namen einer Aufzählung, d. h. einen neuen Typ.

2. ROT wird zu einer symbolischen Konstanten mit dem Wert 0,

BLAU zu einer symbolischen Konstanten mit dem Wert 1, GRUEN zu einer symbolischen Konstanten mit dem Wert 2 usw.

Jeder Aufzählungskonstanten ist ein Integerwert zugeordnet. Wenn man nichts anderes festlegt, weist der Compiler der ersten Konstanten den Wert 0 zu & nummeriert die restlichen Konstanten fortlaufend. Jede einzelne Konstante lässt sich mit einem bestimmten Wert initialisieren, wobei die nicht initialisierten Konstanten aufsteigende Werte zu den jeweils vorhergehenden erhalten. Schreibt man daher

enum FARBE { ROT=100, BLAU, GRUEN=500, WEISS, SCHWARZ=700 }; erhält ROT den Wert 100, BLAU den Wert 101, GRUEN den Wert 500, WEISS den Wert 501

& SCHWARZ den Wert 700.

6.9 Die Zusammenfassung

Nun haben Sie Variablen & Konstanten für nummerische Werte & Zeichen kennengelernt.

Bevor man die Variable verwenden kann, muss man sie deklarieren. Damit legt man gleichzeitig den Datentyp fest, der sich in der Variablen speichern lässt. Wenn man die zu große Zahl in einer Integervariablen ablegt, erhält man ein falsches Ergebnis.

Dieses Kapitel hat auch literale & symbolische Konstanten sowie Aufzählungskonstanten behandelt & die beiden Möglichkeiten zur Deklaration einer symbolischen Konstanten aufgezeigt: die Verwendung von #define & des Schlüsselworts const.

Ein Programm ist eigentlich nichts weiter als die Folge von Befehlen, die nacheinander ausgeführt werden. Das Magische eines Programms ergibt sich aus der Fähigkeit, je nach Ergebnis eines Tests von einer Befehlsgruppe zu einer anderen zu verzweigen. Alle C++-Anweisun-

gen enden mit einem Semikolon. Die Anweisung steuert die Reihenfolge der Ausführung, wertet einen Ausdruck aus beziehungsweise
bewirkt nichts (die Leeranweisung).

Die häufig gebrauchte einfache Anweisung ist die Zuweisung:

x = a + b;

Diese Anweisung bedeutet im Gegensatz zur Algebra nicht x gleich a
+ b, sondern ist wie folgt zu interpretieren: »Weise der Summe aus a
& b den Wert x zu.« Auch wenn diese Anweisung zwei Dinge bewirkt,
handelt es sich um die Anweisung, sie hat daher ein Semikolon. Der
Zuweisungsoperator nimmt die Zuweisung des auf der rechten Seite
stehenden Ausdrucks an die linke Seite vor.

Kapitel 7: Die Whitespaces

Leerzeichen gehören zusammen mit Tabulatoren & den Zeilenvor-
schüben zu den sogenannten Whitespaces. Derartige Zeichen ignoriert
der Compiler. An jeder Stelle, wo ein einzelnes Leerzeichen zu sehen
ist, kann man auch einen Tabulator beziehungsweise einen Zeilenvor-
schub schreiben. Whitespaces fügt man ein, damit sich das Programm
leichter lesen lässt. Der Compiler nimmt die Notiz davon.

Die oben behandelte Zuweisung lässt sich auch wie folgt schreiben:

x=a+b;

beziehungsweise

x =a +b;

Die zweite Variante ist zwar zulässig, jedoch kompletter Blödsinn.
Durch Whitespaces sollen Programme leichter zu lesen & zu warten
sein. Man kann damit jedoch auch unleserlichen Code produzieren.
C++ stellt die Möglichkeiten bereit, für den sinnvollen Einsatz ist der
Programmierer verantwortlich.

An allen Stellen, wo die einzelne Anweisung stehen kann, sind auch
Verbundanweisungen (zusammengesetzte Anweisungen) zulässig. Die
Verbundanweisung beginnt mit einer öffnenden geschweiften Klam-
mer, ({) & endet mit einer schließenden geschweiften Klammer (}).

In einer Verbundanweisung ist zwar jede Anweisung mit einem Semikolon abzuschließen, die Verbundanweisung selbst endet jedoch nicht
mit einem Semikolon.

Dazu ein Beispiel:

{ temp = a;

a = b;

b = temp; }

Diese Verbundanweisung tauscht die Werte der Variablen in a & b aus.

Schreiben Sie immer die schließende geschweifte Klammer, wenn die öffnende geschweifte Klammer vorhanden ist.

Schließen Sie Anweisungen mit einem Semikolon ab.

Setzen Sie Whitespaces sinnvoll ein, um den Code deutlicher zu präsentieren.

7.1 Die Ausdrücke

Alles, was einen Wert zurückgibt, nennt man in C++ einen Ausdruck.

Ganz einfach also. Wenn etwas einen Wert liefert, ist es ein Ausdruck. Alle Ausdrücke sind auch Anweisungen. Die Unzahl der Codeabschnitte, die sich als Ausdruck entpuppen, mag Sie vielleicht überraschen.

Hier drei Beispiele:

3.2

PI

SekundenProMinute

// liefert den Wert 3.2 // Gleitpunktkonstante, die den Wert 3.14 zurückgibt

// int-Konstante, die 60 liefert

Vorausgesetzt, dass PI die Konstante mit dem Wert 3.14 & Sekunden-ProMinute die Konstante mit dem Wert 60 ist, stellen alle drei Anweisungen gültige Ausdrücke dar.

Der Ausdruck

x = a + b;

addiert nicht nur a & b & weist das Ergebnis an x zu, sondern liefert auch den Wert dieser Zuweisung (den Wert in x). Daher ist diese Anweisung ebenfalls ein Ausdruck & kann somit auch auf der rechten Seite eines Zuweisungsoperators stehen:

y = x = a + b;

Diese Zeile wird in der folgenden Reihenfolge ausgewertet:

Addiere a zu b.

Weise das Ergebnis des Ausdrucks a + b an x zu.

Weise das Ergebnis des Zuweisungsausdrucks x = a + b an y zu.

Wenn a, b, x & y ganze Zahlen sind, a den Wert 2 & b den Wert 5 hat, enthalten sowohl x als auch y nach Ausführung dieser Anweisung den Wert 7.

Listing 4.1: Auswertung von komplexen Ausdrücken

```
#include <iostream.h>

int main()
```

```
{
```

int a=0, b=0, x=0, y=35;

cout<"a:"<a<<"b:"<<b; =" „ a="9;" b="7;" y="x=a+b;" return=" return" 0;="0;"<h3="<H3">

7.2 Die Operatoren

Ein Operator ist ein Symbol, das den Compiler zur Ausführung einer Aktion veranlasst.

7.3 Der Zuweisungsoperator

Der Zuweisungsoperator (=) bewirkt, dass der Operand auf der linken Seite des Operators den Wert von der rechten Seite des Operators erhält.

Der Ausdruck

x = a + b; weist dem Operanden x den Wert zu, der als Ergebnis der Addition von a & b

entsteht.

Einen Operanden, der auf der linken Seite eines Zuweisungsoperators zulässig ist, bezeichnet man als L-Wert (linker Wert). Ein dementsprechender Operand auf der rechten Seite heißt R-Wert.

Konstanten sind auch R-Werte & dürfen nicht als L-Werte vorkommen. Demzufolge ist die Anweisung

x = 35; // OK

zulässig, während die Anweisung

35 = x; // Fehler, kein L-Wert!

nicht erlaubt ist.

Ein L-Wert ist ein Operand, der auf der linken Seite eines Ausdrucks stehen kann. Als R-Wert bezeichnet man einen Operanden, der auf der rechten Seite eines Ausdrucks vorkommen kann. Während alle L-Werte auch als R-Werte zulässig sind, dürfen nicht alle R-Werte auch als L-Werte verwendet werden. Ein Literal ist beispielsweise ein R-Wert, der nicht als L-Wert erlaubt ist. Demzufolge kann man x = 5; schreiben, 5 = x; jedoch nicht.

7.4 Die mathematischen Operatoren

C++ kennt die fünf mathematischen Operatoren Addition (+), Subtraktion (-), Multiplikation (*), Division (/) & Modulo-Operation (%).

Die drei Grundrechenarten Addition, Subtraktion & Multiplikation arbeiten wie gewohnt. Bei der Division gibt es dagegen ein paar Punkte zu beachten.

Die Integer-Division unterscheidet sich etwas von der gewohnten Division. Dividiert man 21 durch 4, ist das Ergebnis die reelle Zahl (die Zahl mit gebrochenem Anteil). Ganze Zahlen (Integer) haben keinen gebrochenen Anteil, sodass der »Rest« abgeschnitten wird. Der aus 21 / 4 zurückgegebene Wert ist 5.

Der Modulo-Operator (%) gibt den Rest einer Ganzzahldivision zurück. Der Ausdruck21 % 4liefert 1, da 21 / 4 gleich 5 mit Rest 1 ist.

In der Praxis setzt man Modulo-Berechnungen beispielsweise ein, um die Statusmeldung bei jedem zehnten Schleifendurchlauf auszugeben.

Die Zahl Modulo 10 liefert 0, wenn die Zahl ein Vielfaches von 10 ist. Daher ist 20 % 10 wie auch 30 % 10 gleich 0.

7.5 Die zusammengesetzten Operatoren

Häufig muss man einen Wert zu einer Variablen addieren & dann das Ergebnis an dieselbe Variable zuweisen.

Im folgenden Beispiel wird der Wert der Variablen myAge um 2 erhöht:

int myAge = 5; int temp; temp = myAge + 2; // 5 & 2 addieren & in temp ablegen myAge = temp; // nach myAge zurückschreiben

Dieses Verfahren ist jedoch recht umständlich. In C++ kann man dieselbe Variable auf beiden Seiten des Zuweisungsoperators einsetzen & das obige Codefragment eleganter formulieren:

myAge = myAge +2;

In der Algebra wäre dieser Ausdruck unzulässig, während ihn C++ als »addiere 2 zum Wert in myAge & weise das Ergebnis an myAge zu« interpretiert.

Das Ganze lässt sich noch einfacher schreiben, auch wenn es im ersten Moment etwas unverständlich aussieht:

myAge += 2;

Der zusammengesetzte Additionsoperator (+=) addiert den R-Wert zum L-Wert, & führt dann die erneute Zuweisung des Ergebnisses an den L-Wert durch. Der Operator heißt »Plus-Gleich«. Die Anweisung ist dann als »myAge plus gleich 2« zu lesen. Wenn myAge zu Beginn den Wert 4 enthält, steht nach Ausführung dieser Anweisung der Wert 6 in myAge.

Weitere zusammengesetzte Operatoren gibt es für Subtraktion (-=), Division (/=), Multiplikation (*=) & Modulo-Operation (%=).

7.6 Das Inkrementieren & das Dekrementieren

Am häufigsten hat man den Wert 1 zu einer Variablen zu addieren (bzw. zu subtrahieren). In C++ spricht man beim Erhöhen des Werts um 1 von Inkrementieren & beim Erniedrigen um 1 von Dekrementieren. Für diese Operationen stehen spezielle Operatoren bereit.

Der Inkrement-Operator (++) erhöht den Wert der Variablen um 1, der Dekrement-Operator (--) verringert ihn um 1. Möchte man die Variable C inkrementieren, schreibt man die folgende Anweisung:

C++; // Beginne mit C & inkrementiere den enthaltenen Wert.

Diese Anweisung ist äquivalent zur ausführlicher geschriebenen Anweisung

C = C + 1;

Das gleiche Ergebnis liefert die verkürzte Darstellung

C += 1;

7.7 Das Präfix & das Postfix

Sowohl der Inkrement-Operator (++) als auch der Dekrement-Operator (--) existiert in zwei Spielarten: Präfix & Postfix. Die Präfix-Version wird vor den Variablennamen geschrieben (++myAge), die Postfix-Version danach (myAge++).

In einer einfachen Anweisung spielt es die Rolle, welche Version man verwendet. In einem komplexen Ausdruck ist es jedoch entscheidend, ob man die Variable zuerst inkrementiert (beziehungsweise dekrementiert), & dann das Ergebnis einer anderen Variablen zuweist. Der Präfix-Operator wird vor der Zuweisung ausgewertet, der Postfix-Operator nach der Zuweisung.

Die Semantik von Präfix bedeutet: Inkrementiere den Wert & übertrage ihn dann. Die Bedeutung des Postfix-Operators lautet dagegen: Übertrage den Wert & inkrementiere das Original.

Das folgende Beispiel verdeutlicht diese Vorgänge. Es sei angenommen, dass x die ganze Zahl mit dem Wert 5 ist. Bei der Anweisung

int a = ++x; inkrementiert der Compiler den Wert in x (& macht ihn damit zu 6), holt dann diesen Wert & weist ihn an a zu. Daher ist jetzt sowohl a als auch x gleich 6.

Schreibt man anschließend int b = x++;

weist man den Compiler an, den Wert in x (6) zu holen, ihn an b zuzuweisen & dann den Wert von x zu inkrementieren. Demzufolge ist nun b gleich 6, während x gleich 7 ist. Listing 4.2 zeigt Verwendung & Besonderheiten beider Typen.

Listing 4.2: Das Präfix & die Postfix-Operatoren

// Listing 4.2 – zeigt die Verwendung der

// Inkrement& Dekrement-Operatoren in

// Präfix& Postfix-Notation

#include <iostream.h>

int main()

// initialisiert zwei Integer-Variablen

< myAge < „tJahre alt.n";

cout < „Du bist:t"

myAge++; // Postfix-Inkrement

++yourAge; // Präfix-Inkrement

cout < „Ein Jahr ist vergangen...n";

cout < „Ich bin:t" < myAge < „tJahre alt.n";

cout < „Du bist:t" < yourAge < „tJahre alt.n";

cout < „Noch ein Jahr ist vergangenn";

cout < „Ich bin:t" < myAge++ < „tJahre alt.n";

cout < „Du bist:t" < ++yourAge < „tJahre alt.n";

cout < „& noch einmal ausgeben.n";

cout < „Ich bin:t" < myAge < „tJahre alt.n";

cout < „Du bist:t" < yourAge < „tJahre alt.n";

return 0;

}

Ich bin: 39 Jahre alt. Du bist: 39 Jahre alt. Ein Jahr ist vergangen... Ich bin: 40 Jahre alt. Du bist: 40 Jahre alt. Noch ein Jahr ist vergangen.

Ich bin: 40 Jahre alt. Du bist: 41 Jahre alt & noch einmal ausgeben. Ich bin: 41 Jahre alt. Du bist: 41 Jahre alt.

Die Zeilen 7 & 8 deklarieren zwei Integervariablen & initialisieren sie jeweils mit dem Wert 39. Die Ausgabe der Werte findet in den Zeilen 9 & 10 statt.

Zeile 11 inkrementiert myAge mit dem Postfix-Operator & Zeile 12 inkrementiert yourAge mit dem Präfix-Operator. Die Ergebnisse werden in den Zeilen 14 & 15 ausgegeben & sind auch beide identisch (beide 40).

In Zeile 17 wird myAge mit dem Postfix-Operator als Teil einer Ausgabeanweisung inkrementiert. Durch den Postfix-Operator erfolgt die Inkrementierung nach der Ausgabe & es erscheint auch hier in der Ausgabe der Wert 40. Im Gegensatz dazu inkrementiert Zeile 18 die Variable yourAge mit dem Präfix-Operator. Das Inkrementieren findet jetzt vor der Ausgabe statt & es erscheint der Wert 41 in der Anzeige.

```
{

int myAge = 39;

int yourAge = 39;

cout < „Ich bin:t"

< yourAge < „tJahre alt.n";
```

Schließlich werden die Werte in den Zeilen 20 & 21 erneut ausgegeben. Da die Inkrement-Anweisung vollständig abgearbeitet ist, lautet der Wert in myAge jetzt 41, genau wie der Wert in yourAge.

7.8 Die Rangfolge

Welche Operation wird in der komplexen Anweisung

```
x = 5 + 3 * 8;
```

zuerst ausgeführt, die Addition beziehungsweise die Multiplikation? Führt man die Addition zuerst aus, lautet das Ergebnis 8 * 8 beziehungsweise 64. Bei vorrangiger Multiplikation heißt das Ergebnis 5 + 24 beziehungsweise 29.

Jeder Operator besitzt einen festgelegten Vorrang. Die vollständige Liste finden Sie im Anhang A. Die Multiplikation hat gegenüber der Addition einen höheren Vorrang. Der Wert des Ausdrucks ist demnach 29.

Wenn die beiden mathematischen Operatoren den gleichen Vorrang haben, werden sie in der Reihenfolge von links nach rechts ausgeführt. Demzufolge wird in

$x = 5 + 3 + 8 * 9 + 6 * 4;$

die Multiplikation zuerst, von links nach rechts, ausgeführt. Es ergeben sich die beiden Terme zu $8*9 = 72$ & $6*4 = 24$. Damit wird der Ausdruck zu

$x = 5 + 3 + 72 + 24;$

Nun kommt noch die Addition von links nach rechts $5 + 3 = 8$, $8 + 72 = 80$, $80 + 24 = 104$.

Die Rangfolge ist unbedingt zu beachten. Bestimmte Operatoren, wie der Zuweisungsoperator werden von rechts nach links ausgeführt! Was passiert nun, wenn die Rangfolge nicht Ihren Vorstellungen entspricht? Sehen Sie sich dazu folgenden Ausdruck an:

TotalSeconds = NumMinutesToThink + NumMinutesToType * 60

In diesem Ausdruck soll nicht NumMinutesToType zuerst mit 60 multipliziert & dann zu NumMinutesToThink addiert werden. Beabsichtigt ist zuerst die Addition der beiden Variablen, um die Summe der

Minuten zu ermitteln & anschließend soll diese Zahl mit 60 multipliziert werden, um die Anzahl der Sekunden zu berechnen. In diesem Fall setzt man Klammern, um die Rangfolge zu ändern. Elemente in Klammern werden mit einer höheren Rangfolge ausgeführt als irgendein mathematischer Operator. Das gewünschte Ergebnis erhält man also mit

TotalSeconds = (NumMinutesToThink + NumMinutesToType) * 60

7.9 Die verschachtelten Klammern

Bei komplexen Ausdrücken sind auch eventuell Klammern innerhalb anderer Klammern zu verschachteln. Beispielsweise ist die Anzahl der Sekunden zu berechnen & danach die Anzahl der Mitarbeiter, bevor die Multiplikation der Mitarbeiter mit den Sekunden erfolgt, (um etwa die gesamte Arbeitszeit in Sekunden zu erhalten):

TotalPersonSeconds = (((NumMinutesToThink + NumMinutesToType) * 60) * (PeopleInTheOffice + PeopleOnVacation))

Dieser zusammengesetzte Ausdruck ist von innen nach außen zu lesen. Zuerst erfolgt die Addition von NumMinutesToThink zu NumMinutesToType, da dieser Ausdruck in den innersten Klammern steht. Anschließend wird diese Summe mit 60 multipliziert. Es schließt sich die Addition von PeopleInTheOffice zu PeopleOnVacation an. Schließlich wird die berechnete Mitarbeiterzahl mit der Gesamtzahl der Sekunden multipliziert.

Dieses Beispiel weist auf einen wichtigen Punkt hin. Für einen Computer ist der Ausdruck leicht zu interpretieren, für einen Menschen jedoch schwer zu lesen, zu verstehen beziehungsweise zu modifizieren. Der gleiche Ausdruck in einer anderen Form mit Variablen zur Zwischenspeicherung sieht folgendermaßen aus:

TotalMinutes = NumMinutesToThink + NumMinutesToType; TotalSeconds = TotalMinutes * 60; TotalPeople = PeopleInTheOffice + PeopleOnVacation; TotalPersonSeconds = TotalPeople * TotalSeconds;

Dieses Beispiel verwendet zwar temporäre Variablen & erfordert mehr Schreibarbeit als das vorherige Beispiel, ist jedoch leichter zu verstehen. Fügen Sie am Beginn einen Kommentar ein, um die Absichten hinter diesem Codeabschnitt zu erläutern, & ändern Sie die 60 in die symbolische Konstante. Damit erhalten Sie Code, der leicht zu verstehen & zu warten ist.

Frühere Versionen von C++ haben die Wahrheitswerte durch ganze Zahlen dargestellt. Mit dem neuen ISO/ANSI-Standard ist der Datentyp bool hinzugekommen. Dieser Typ hat zwei mögliche Werte: falsch (false) & wahr (true).

Jeder Ausdruck lässt sich als Wahrheitswert auswerten. Ausdrücke, die im mathematischen Sinne 0 sind, liefern den Wahrheitswert false, alle anderen Ergebnisse den Wahrheitswert true.

Ein Teil der bisher auf dem Markt verfügbaren Compiler kannte bereits einen booleschen Datentyp, der intern durch mit einer Größe von 4 Bytes dargestellt wurde. ANSI-kompatible Compiler bieten jetzt den Datentyp mit einer Länge von 1 Byte.

7.10 Die Vergleichsoperatoren

Mit den Vergleichsoperatoren (beziehungsweise relationalen Operatoren) ermittelt man, ob zwei Zahlen gleich sind beziehungsweise ob sie größer oder kleiner als die andere sind. Jeder Vergleichsausdruck liefert entweder 1 (TRUE) beziehungsweise 0 (FALSE) zurück. Die Vergleichsoperatoren fasst Tabelle 4.1 zusammen.

Hat die Integervariable myAge den Wert 39 & die Integervariable yourAge den Wert 40, prüft man diese Werte mit dem relationalen

Operator »Gleich« auf Gleichheit:

myAge == yourAge; // ist der Wert in myAge der Gleiche wie in yourAge?

Dieser Ausdruck ergibt 0 beziehungsweise FALSE, da die Variablen nicht gleich sind. Der Ausdruck

myAge > yourAge; // ist myAge größer als yourAge?

liefert 0 beziehungsweise FALSE.

Viele Neueinsteiger in die C++-Programmierung verwechseln den Zuweisungsoperator (=) mit dem Gleich-Operator (==). Das kann zu gemeinen Fehlern im Programm führen.

Zu den Vergleichsoperatoren gehören: gleich (==), kleiner als (<), größer als (>), kleiner beziehungsweise gleich (<=), größer beziehungsweise gleich (>=) & ungleich (!=). Tabelle 4.1 zeigt die Vergleichsoperatoren, ein Codebeispiel & den Rückgabewert.

Die Vergleichsoperatoren

7.11 Das Operator Symbol

gleich == ungleich != größer als > größer beziehungsweise gleich >= kleiner als < kleiner beziehungsweise gleich <=

7.12 Die if-Anweisungen

Beispiel:

100 == 50; 50 == 50; 100 != 50; 50!=50 100 > 50; 50>50; 100 >= 50; 50>=50 100 < 50; 50<50; 100 <= 50; 50 <= 50;

Rückgabewert

FALSE TRUE TRUE FALSE TRUE FALSE TRUE TRUE FALSE
FALSE FALSE TRUE

Normalerweise verläuft der Programmfluss zeilenweise in der Reihenfolge, in der die Anweisungen in Ihrem Quellcode stehen. Mit der if-Anweisung kann man auf die Bedingung testen (beispielsweise ob zwei Variablen einander gleich sind), & zu unterschiedlichen Teilen des Codes in Abhängigkeit vom Testergebnis verzweigen.

Die einfachste Form der if-Anweisung sieht folgendermaßen aus: if (Ausdruck)

Anweisung;

Der Ausdruck in den Klammern kann jeder beliebige Ausdruck sein, er enthält jedoch in der Regel einen der Vergleichsausdrücke. Wenn der Ausdruck den Wert 0 liefert, entspricht das dem booleschen Wert FALSE & die Anweisung wird übersprungen. Ergibt sich ein Wert ungleich 0, nimmt C++ den booleschen Wert TRUE an & die Anweisung wird ausgeführt. Sehen Sie sich dazu folgendes Beispiel an:

if (bigNumber > smallNumber)

bigNumber = smallNumber; dieser Code vergleicht bigNumber mit smallNumber. Wenn bigNumber größer ist, setzt die zweite Zeile den Wert von bigNumber auf den Wert von smallNumber.

7.13 Eine else-Klausel

Oftmals soll ein Programm bei erfüllter Bedingung (TRUE) den einen Zweig durchlaufen & bei nicht erfüllter Bedingung (FALSE) einen anderen.

Die bisher gezeigte Form, bei der man zuerst die die Bedingung testet, & dann die andere, funktioniert zwar, ist jedoch etwas umständlich.

Das Schlüsselwort else trägt hier zur besseren Lesbarkeit des Codes bei:

if (Ausdruck)

Anweisung;

else

Anweisung;

Listing 4.3: Der Einsatz einer else-Klausel

```
// Listing 4.3 – zeigt die if-Anweisung mit
// der else-Klausel
#include <iostream.h>
int main()
{
int firstNumber, secondNumber;
cout < „Bitte die große Zahl eingeben: ";
cin >> firstNumber;
cout < „nBitte die kleinere Zahl eingeben: ";
cin >> secondNumber;
if (firstNumber > secondNumber)
```

```
cout < „nDanke!n";
```

```
else
```

```
cout < „nDie zweite Zahl ist groesser!";
```

```
return 0;
```

```
}
```

Bitte die große Zahl eingeben: 10. Bitte die kleinere Zahl eingeben: 12. Die zweite Zahl ist größer!

Liefert die Bedingung der if-Anweisung in Zeile 11 das Ergebnis TRUE, wird die Anweisung in Zeile 12 ausgeführt. Ergibt sich der Wert FALSE, führt das Programm die Anweisung in Zeile 14 aus. Wenn man die elseKlausel in Zeile 13 entfernt, wird die Anweisung in Zeile 14 unabhängig davon ausgeführt, ob die if-Anweisung TRUE ist beziehungsweise nicht. Denken Sie daran, dass die if-Anweisung nach Zeile 12 endet. Fehlt die elseKlausel, wäre Zeile 14 einfach die nächste Zeile im Programm.

Für die einzelnen Anweisungen kann man auch jeweils einen ganzen Codeblock schreiben, der in geschweifte Klammern eingeschlossen ist.

Liefert die Auswertung von Ausdruck das Ergebnis TRUE, wird die Anweisung ausgeführt & das Programm setzt mit nächste_Anweisung fort. Ergibt der Ausdruck nicht TRUE, wird Anweisung ignoriert & das Programm springt sofort zu nächste_Anweisung.

Als Anweisung kann man die einzelne, durch Semikolon abgeschlossene Anweisung beziehungsweise die in geschweifte Klammern eingeschlossene Verbundanweisung schreiben.

7.14 Die erweiterten if-Anweisungen

In einer if- beziehungsweise else-Klausel kann jede beliebige Anweisung stehen, sogar die andere if- beziehungsweise else-Anweisung. Daher lassen sich auch komplexe if-Anweisungen der folgenden Form erstellen:

if (Ausdruck1)

{

if (Ausdruck2)

Anweisung1;

else {

} }

Die if-Anweisung

Format

if (Ausdruck)

Anweisung;

nächste_Anweisung;

else

Anweisung4;

if (Ausdruck3)

Anweisung2;

else

Anweisung3;

Diese umständliche if-Anweisung sagt aus: »Wenn Ausdruck1 gleich TRUE ist & Ausdruck2 gleich TRUE ist, führe Anweisung1 aus. Wenn Ausdruck1 gleich TRUE, jedoch Ausdruck2 nicht TRUE ist, dann führe Anweisung2 aus, wenn Ausdruck3 TRUE ist. Wenn Ausdruck1 gleich TRUE, jedoch Ausdruck2 & Ausdruck3 gleich FALSE sind, führe Anweisung3 aus. Wenn schließlich Ausdruck1 nicht TRUE ist, führe Anweisung4 aus.« Wie man sieht, dürften komplexe if-Anweisungen Einiges zur Verwirrung beitragen!

Listing 4.4: Verschachtelte if-Anweisung

```
// Listing 4.4 – verschachtelte

// if-Anweisung

#include <iostream.h>

int main()

{

// Zwei Zahlen abfragen

// die Zahlen an bigNumber & littleNumber zuweisen

// wenn bigNumber größer als littleNumber ist,

// testen, ob sie ohne Rest teilbar sind auch
```

```
// wenn ja, testen, ob die Zahlen gleich sind auch

int firstNumber, secondNumber;

cout < „Bitte zwei Zahlen eingeben.nDie erste: „;

cin >> firstNumber;

cout < „nDie zweite: „;

cin >> secondNumber;

cout < „nn";

if (firstNumber >= secondNumber)

{

if(

{

}

else

}

else

cout

return 0; (firstNumber % secondNumber) == 0) // ganzzahlig teilbar?

if (firstNumber == secondNumber) cout < „Beide Zahlen sind auch
gleich!n";
```

else cout < „Zahlen ohne Rest teilbar!n";

cout < „Zahlen nicht ohne Rest teilbar!n";

< „Die zweite Zahl ist groesser!n";

7.15 Die geschweiften Klammern in einer verschachtelten if-Anweisung

Obwohl es zulässig ist, die geschweiften Klammern in if-Anweisungen mit nur einer einzelnen Anweisung wegzulassen, & es ebenfalls zulässig ist, if-Anweisungen wie

if (x > y)

if (x < z)

x = y;

// wenn x größer als y ist, // & wenn x kleiner als z ist, // dann setze x auf den Wert in z

zu verschachteln, kann das bei umfangreich verschachtelten Anweisungen kaum noch zu durchschauen sein. Denken Sie daran, dass man mit Whitespaces & Einzügen die Lesbarkeit des Quelltextes erhöhen kann, & der Compiler von diesen gestalterischen Elementen die Notiz nimmt. Man kann leicht die Logik durcheinander bringen & versehentlich die else-Anweisung zur falschen ifAnweisung zuordnen. Listing 4.5 verdeutlicht dieses Problem.

// Listing 4.5 – demonstriert, warum Klammern in verschachtelten 2: // if-Anweisungen so wichtig sind #include <iostream.h> int main()

{ int x; cout < „Bitte die Zahl kleiner als 10 , beziehungsweise groesser als 100 eingeben: „; cin >> x; cout < „n";

```
if (x >= 10)

if (x > 100)
```

cout < „Groesser als 100. Danke!n"; else // nicht das beabsichtigte else!

cout < „Kleiner als 10. Danke!n";

return 0; }

Bitte die Zahl kleiner als 10 beziehungsweise groesser als 100 eingeben: 20 Kleiner als 10. Danke!

Der Programmierer hatte die Absicht, nach einer Zahl zwischen 10 & 100 zu fragen, auf den korrekten Wert zu testen, & dann die Danksagung auszugeben.

Listing 4.5: Die Klammern in den if & else-Klauseln

Wenn die if-Anweisung in Zeile 11 den Wert TRUE liefert, wird die folgende Anweisung (Zeile 12) ausgeführt. 12, wenn die eingegebene Zahl größer 10 ist. Zeile 12 enthält ebenfalls die if-Anweisung. Diese if-Anweisung liefert TRUE, wenn die eingegebene Zahl größer als 100 ist. In diesem Fall wird die Anweisung in Zeile 13 ausgeführt.

Wenn die eingegebene Zahl kleiner als 10 ist, liefert die if-Anweisung in Zeile 11 den Wert FALSE. Die Programmsteuerung geht an die auf if folgende Zeile, in diesem Fall Zeile 17, über. Wenn man die Zahl kleiner als 10 eingibt, sieht die Ausgabe wie folgt aus:

Bitte die Zahl kleiner als 10 beziehungsweise größer als 100 eingeben: 9 Die else-Klausel in Zeile 14 sollte offensichtlich zur if-Anweisung von Zeile 11 gehören, was auch der Einzug im Quelltext dokumentiert. Leider ist die else-Anweisung tatsächlich mit if von Zeile 12

verbunden. Damit enthält dieses Programm einen nicht auf Anhieb er-
kennbaren Fehler, da ihn der Compiler nicht bemängelt. Wir haben es
hier mit einem zulässigen C++-Programm zu tun, das jedoch nicht wie
vorgesehen arbeitet. Dazu kommt noch, dass bei den meisten Tests,
die der Programmierer durchführt, das Programm zu laufen scheint.
Solange man die Zahl größer als 100 eingibt, funktioniert alles wun-
derbar.

Listing 4.6: Die richtige Verwendung der geschweiften Klammern

// Listing 4.6 – demonstriert die richtige Verwendung

// von Klammern in verschachtelten if-Anweisungen

#include <iostream.h>

int main()

{

int x; cout < „Bitte die Zahl kleiner als 10 beziehungsweise größer als 100 eingeben: „; cin >> x; cout < „n";

if (x >= 10) {

if (x > 100) cout < „Groesser als 100. Danke!n";

} else

cout < „Kleiner als 10. Danke!n";

return 0;

}

Manuel Leier

7.16 Die logischen Operatoren

Oftmals muss man mehrere Vergleiche auf einmal anstellen. »Ist es richtig, dass x größer ist als y, & ist es ebenso richtig, dass y größer ist als z?« Ein Programm muss ermitteln, dass beide Bedingungen TRUE sind beziehungsweise dass die andere Bedingung TRUE ist, um die Aktion auszuführen.

Stellen Sie sich ein intelligentes Alarmsystem vor, das nach folgender Logik arbeitet: »Wenn der Türalarm ausgelöst wird, & es später als 18:00 Uhr ist, & es sich NICHT um die Urlaubszeit handelt beziehungsweise ein Wochenende ist, dann rufe die Polizei.« Die derartige Auswertung lässt sich mit den drei logischen Operatoren von C++ realisieren. Tabelle 4.2 zeigt diese Operatoren.

Operator Symbol

AND && OR || NOT !

7.17 Ein logisches AND

Beispiel:

Die logische AND-Anweisung wertet zwei Ausdrücke aus. Sind auch beide Ausdrücke TRUE, liefert die logische AND-Anweisung ebenfalls TRUE. Wenn es wahr (TRUE) ist, dass Sie hungrig sind, & (AND) es wahr ist, dass Sie Geld haben, dann ist es wahr, dass Sie ein Mittagessen kaufen können. In diesem Sinn wird

if ((x == 5) && (y == 5))

gewertet, wenn sowohl x als auch y gleich 5 sind. Der Ausdruck liefert FALSE, wenn mindestens die der beiden Variablen nicht gleich 5 ist. Beachten Sie, dass beide Seiten TRUE sein müssen, damit der gesamte Ausdruck zu TRUE wird.

70

Achten Sie auch darauf, dass das logische AND aus zwei kaufmännischen Und-Zeichen (&&) besteht.

7.18 Das logische OR

Die logische OR-Anweisung wertet zwei Ausdrücke aus. Wenn einer der beiden TRUE ist, ergibt sich der Ausdruck zu TRUE. Wenn man Geld beziehungsweise die Kreditkarte hat, kann man die Rechnung bezahlen. Beide Zahlungsmittel sind auch nicht gleichzeitig erforderlich, man braucht nur eines, auch wenn es nichts schadet, beides zur Verfügung zu haben.

Der Ausdruck

if ((x == 5) || (y == 5)) liefert TRUE, wenn x , beziehungsweise y gleich 5 ist beziehungsweise wenn beide gleich 5 sind. Wenn bereits x gleich 5 ist, prüft der Compiler gar nicht mehr auf y! Beachten Sie, dass das logische OR aus zwei senkrechten Strichen (||) besteht.

7.19 Ein logisches NOT

Die logische NOT-Anweisung liefert TRUE, wenn der zu testende Ausdruck FALSE ergibt. Der Ausdruck

if (!(x==5)) ist nur dann TRUE, wenn x nicht gleich 5 ist. Den gleichen Test kann man auch als if (x != 5) schreiben.

7.20 Eine Rangfolge von Vergleichsoperatoren

Vergleichsoperatoren & logische Operatoren liefern einen Wert zurück: 1 (TRUE) beziehungsweise 0 (FALSE). Wie bei allen Ausdrücken gibt es auch hier die Rangfolge, die bestimmt, welcher Vergleich zuerst ausgewertet wird. Diese Tatsache ist wichtig, wenn man den Wert einer Anweisung wie if (x > 5 && y > 5 || z > 5)

bestimmt. Der Programmierer könnte beabsichtigen, dass dieser Ausdruck nur zu TRUE ausgewertet wird, wenn sowohl x als auch y größer als 5 sind, auch beziehungsweise wenn z größer als 5 ist. Andererseits kann der Programmierer auch wollen, dass dieser Ausdruck nur dann zu TRUE wird, wenn x größer als 5 ist, & wenn es auch wahr ist, dass entweder y beziehungsweise z größer als 5 ist.

Wenn x gleich 3 ist, & sowohl y als auch z gleich 10 sind, liefert die erste Interpretation das Ergebnis TRUE (z ist größer als 5, sodass x & y ignoriert werden), während die zweite Auslegung FALSE ergibt (es ist nicht wahr, dass sowohl x als auch y größer als 5 sind, & es ist nicht wahr, dass z größer als 5 ist).

Die von der Rangfolge bestimmte Reihenfolge der Vergleiche kann man mit Klammern sowohl ändern als auch deutlicher darstellen:

if ((x > 5) && (y > 5 || z > 5))

Mit den obigen Werten liefert diese Anweisung das Ergebnis FALSE. Da es nicht wahr ist, dass x größer als 5 ist, ergibt die linke Seite der AND-Anweisung FALSE, & damit wird die gesamte Anweisung zu FALSE. Denken Sie daran, dass bei der AND-Anweisung beide Seiten TRUE sein müssen – irgendetwas ist nicht »gut schmeckend«, & »gut für Dich«, wenn es nicht gut schmeckt.

Es empfiehlt sich, mit zusätzlichen Klammern klarzustellen, was man gruppieren möchte. Das Ziel ist ein funktionsfähiges Programm, das auch leicht zu lesen & zu verstehen sein soll.

7.21 Mehr über das Wahr & das Unwahr

C++ behandelt 0 als FALSE, & jeden anderen Wert als TRUE. Da Ausdrücke immer einen Wert haben, nutzen viele C++-Programmierer diese Tatsache in ihren if-Anweisungen aus. Die Anweisung wie

if (x) // wenn x gleich TRUE (ungleich Null) x = 0;

kann man lesen als »wenn x einen Wert ungleich 0 hat, setze x auf 0«. Hier besteht »Verdunklungsgefahr«! Klarer formuliert man

if (x != 0) // wenn x ungleich 0 x = 0; Beide Anweisungen sind auch zulässig, wobei jedoch die Zweite verständlicher ist. Es gehört zum guten Programmierstil, die erste Methode für echte logische Tests zu reservieren, statt auf Werte ungleich 0 zu testen.

Die folgenden Anweisungen sind auch ebenfalls äquivalent:

if (!x) // wenn x gleich FALSE ist (Null) if (x == 0) // wenn x gleich Null ist

Die zweite Anweisung ist jedoch deutlicher & etwas einfacher zu verstehen.

7.22 Die Zusammenfassung

In diesem Kapitel haben Sie gelernt, was die Anweisung ist. Außerdem wurde erläutert, dass ein Ausdruck die Anweisung darstellt, die einen Wert zurückgibt. Es wurde gezeigt, dass man mit Whitespaces das Programm lesbarer gestalten kann, & Sie haben gesehen, wie man mathematische & Zuweisungsoperatoren verwendet.

Weiterhin haben Sie gelernt, wie man Präfix& Postfix-Operatoren sowie Vergleichsoperatoren verwendet. Es wurde die if-Anweisung & die else-Klausel behandelt & gezeigt, wie man komplexe & verschachtelte if-Anweisungen erzeugt.

Wenn man über C++ spricht, stehen Objekte meist im Vordergrund. Die eigentliche Arbeit der Objekte beruht jedoch auf Funktionen.

Jetzt lernen Sie, was die Funktion ist, & welche Aufgaben sie erfüllt, wie man Funktionen deklariert & definiert, wie man Parameter an Funktionen übergibt, wie man einen Wert aus einer Funktion zurückgibt.

Die Funktion ist praktisch ein Unterprogramm, das Daten verarbeitet & einen Wert zurückgibt. Jedes C++-Programm hat zumindest die Funktion: main. Beim Start des Programms wird main automatisch aufgerufen. In main dürfen andere Funktionsaufrufe stehen, die wiederum andere Funktionen aufrufen können.

Jede Funktion hat einen eigenen Namen. Gelangt die Programmausführung zu einer Anweisung mit diesem Namen, verzweigt das Programm in den Rumpf der betreffenden Funktion. Bei Rückkehr aus der Funktion setzt sich die Programmausführung auf der nächsten Zeile nach dem Funktionsaufruf fort. Abbildung 5.1 verdeutlicht diesen Ablauf.

Abbildung 5.1: Ruft ein Programm die Funktion auf, schaltet die Ausführung zur Funktion um & fährt nach Rückkehr aus der Funktion auf der Zeile nach dem Funktionsaufruf fort.

Die gut konzipierte Funktion führt die klar abgegrenzte Aufgabe aus – nicht mehr & nicht weniger – & kehrt dann zurück.

Komplexere Aufgaben sollte man auf mehrere Funktionen aufteilen & diese Funktionen dann jeweils aufrufen. Damit lässt sich der Code besser verstehen & leichter warten.

Das ganze Buch hindurch finden Sie Hinweise zur besseren Wartbarkeit eines Programms. Den Löwenanteil der Projektkosten bildet nicht das Schreiben des Programms, sondern die Aufrechterhaltung seiner Brauchbarkeit & Zuverlässigkeit während der gesamten Lebenszeit des Programms. Bevor man die Funktion verwenden kann, muss man sie zuerst deklarieren & dann definieren.

Die Deklaration teilt dem Compiler den Namen, den Rückgabetyp & die Parameter der Funktion mit. Die Deklaration einer Funktion bezeichnet man als Prototyp.

Die Definition teilt dem Compiler die Arbeitsweise der Funktion mit. Die Funktion lässt sich von irgendeiner anderen Funktion aufrufen, wenn sie nicht zuerst deklariert wurde.

Kapitel 8: Funktionen deklarieren

Für die zum Lieferumfang des Compilers gehörenden Funktionen ist der Prototyp bereits geschrieben. Mit der Anweisung #include binden Sie einfach die erforderliche Datei ein, & schon ist alles eingerichtet.

Der Prototyp einer Funktion ist die Anweisung, die demzufolge auch mit einem Semikolon endet. Er besteht aus dem Rückgabetyp, dem Namen & der Parameterliste der Funktion.

Die Parameterliste führt – durch Komma getrennt – alle Parameter zusammen mit deren Typen auf. Abbildung 5.2 verdeutlicht die Teile des Funktionsprototyps.

Jedoch müssen im Prototyp der Funktion nur die Typen & nicht die Namen der Parameter erscheinen. Das folgende Beispiel zeigt einen zulässigen Prototyp:

long Area(int, int);

Dieser Prototyp deklariert die Funktion namens Area, die einen Wert vom Typ long zurückgibt & zwei ganzzahlige Parameter aufweist. Diese Anweisung ist zwar zulässig, jedoch nicht empfehlenswert. Mit hinzugefügten Parameternamen ist der Prototyp verständlicher. Dieselbe Funktion könnte mit benannten Parametern folgendes Aussehen haben:

long Area(int length, int width);

Daraus lässt sich ohne Weiteres erkennen, welche Aufgabe die Funktion realisiert, & welche Parameter zu übergeben sind.

Beachten Sie, dass alle Funktionen einen Rückgabetyp haben. Listing 5.1 zeigt ein Programm, das den Funktionsprototyp für die Funktion Area einbindet.

Listing 5.1: Deklaration, Definition & Verwendung einer Funktion

// Listing 5.1 – zeigt die Verwendung von Funktionsprototypen 2:

#include <iostream.h>

int FindArea(int length, int width); // Funktionsprototyp

int main()

{

int lengthOfYard;

int widthOfYard;

int areaOfYard;

cout < „nWie breit ist Ihr Garten? „;

cin >> widthOfYard;

cout < „nWie lang ist Ihr Garten? „;

cin >> lengthOfYard;

areaOfYard= FindArea(lengthOfYard,widthOfYard); 18:

cout < „nDie Flaeche Ihres Gartens betraegt „;

cout < areaOfYard;

cout < „ Quadratmeternn";

return 0;

}

int FindArea(int l, int w)

{

return l * w; 28: }

Funktionen

Wie breit ist Ihr Garten? 100. Wie lang ist Ihr Garten? 200. Die Fläche Ihres Gartens beträgt 20000 Quadratmeter.

Der Prototyp für die Funktion FindArea steht in Zeile 4. Vergleichen Sie den Prototyp mit der Definition der Funktion in Zeile 25. Beachten Sie, dass Name, Rückgabetyp & die Parametertypen identisch sind. Andernfalls erhält man einen Compilerfehler. Praktisch besteht der einzige Unterschied darin, dass der Prototyp einer Funktion mit einem Semikolon endet, & keinen Rumpf aufweist.

Weiterhin fällt auf, dass die Parameternamen im Prototyp mit length & width angegeben sind, während die Definition l & w enthält. Die Namen im Prototyp sind auch nicht erforderlich & dienen nur als Information für den Programmierer. Die Argumente übergibt man an die Funktion in der Reihenfolge, in der sie deklariert & definiert sind.

8.1 Einige Funktionen definieren

Die Definition einer Funktion besteht aus dem Funktionskopf & ihrem Rumpf. Der Kopf entspricht genau dem Prototyp der Funktion, außer, dass die Parameter benannt sein müssen & kein abschließendes Semi-kolon vorhanden ist.

Der Rumpf der Funktion ist die Gruppe von Anweisungen, die in ge-schweifte Klammern eingeschlossen sind. Abbildung 5.3 zeigt den Kopf & Rumpf einer Funktion. Ein Funktionsprototyp gibt dem Com-piler den Namen, den Rückgabewert & die Parameter der Funktion an.

rueckgabetyp funktionsname ([type parameterName]]...);

Die Funktionsdefinition sagt dem Compiler, wie die Funktion arbeitet.

rueckgabetyp funktionsname ([type parameterName]...) {

Anweisungen;

}

Funktionen müssen die Parameter aufweisen. Falls Parameter vor-kommen, müssen sie nicht als Namen im Prototyp erscheinen, son-dern nur als Typ. Ein Prototyp endet immer mit einem Semikolon.

Die Funktionsdefinition muss hinsichtlich Rückgabetyp & Parameter-liste mit ihrem Prototyp übereinstimmen. Sie muss die Namen für alle Parameter bereitstellen & der Rumpf der Funktionsdefinition ist in geschweifte Klammern einzuschließen. Alle Anweisungen innerhalb des Rumpfes der Funktion müssen mit Semikolon abgeschlossen sein, während die Funktion selbst nicht mit einem Semikolon, sondern mit einer schließenden geschweiften Klammer beendet wird.

Wenn die Funktion einen Rückgabewert liefert, sollte sie mit einer return-Anweisung enden. return-Anweisungen sind auch jedoch auch an beliebigen Stellen innerhalb des Funktionsrumpfes zulässig.

Jede Funktion hat einen Rückgabetyp. Gibt man keinen Typ explizit an, wird int angenommen. Man sollte für jede Funktion explizit einen

Rückgabetyp festlegen. Gibt die Funktion keinen Wert zurück, lautet der Rückgabetyp void.

Die folgenden Beispiele zeigen weitere Funktionsprototypen:

long FindArea(long length, long width); // gibt long zurück, hat zwei Parameter

void PrintMessage(int messageNumber); int GetChoice(); BadFunction();

// gibt void zurück, hat einen Parameter

// gibt int zurück, hat die Parameter

// gibt int zurück, hat die Parameter

Hier zwei Beispiele für Funktionsdefinitionen:

long Area(long l, long w)

{

return l * w; }

void PrintMessage(int whichMsg)

{

if (whichMsg == 0)

cout < „Hello.n";

if (whichMsg == 1)

cout < „Goodbye.n";

if (whichMsg > 1)

cout < „Was ist los?n";

}

8.2 Die lokalen Variablen

Man kann an die Funktion nicht nur Variablen übergeben, sondern auch Variablen innerhalb des Funktionsrumpfes deklarieren. Diese sogenannten lokalen Variablen existieren nur innerhalb der Funktion selbst. Wenn die Funktion zurückkehrt, sind auch die lokalen Variablen nicht mehr zugänglich.

Lokale Variablen definiert man wie jede andere Variable. Die an die Funktion übergebenen Parameter gelten ebenfalls als lokale Variablen & lassen sich genauso verwenden, als hätte man sie innerhalb des Funktionsrumpfes definiert. Listing 5.2 zeigt ein Beispiel für die Verwendung von Parametern & lokal definierten Variablen innerhalb einer Funktion.

Listing 5.2: Lokale Variablen & Parameter

#include <iostream.h> 2:

float Convert(float);

int main()

{

float TempFer;

float TempCel;

cout < „Bitte Temperatur in Fahrenheit eingeben: „;

cin >> TempFer;

```
TempCel = Convert(TempFer);

cout < „nDie Temperatur in Grad Celsius ist: „;

cout < TempCel < endl;

return 0;

}
float Convert(float TempFer)

{

}
float TempCel;

TempCel = ((TempFer – 32) * 5) / 9;

return TempCel;
```

Bitte Temperatur in Fahrenheit eingeben: 212. Die Temperatur in Grad Celsius ist: 100

Bitte Temperatur in Fahrenheit eingeben: 32. Die Temperatur in Grad Celsius ist: 0

Bitte Temperatur in Fahrenheit eingeben: 85. Die Temperatur in Grad Celsius ist: 29.4444

Die Zeilen 6 & 7 deklarieren zwei Variablen vom Typ float. Die nimmt die Temperatur in Grad Fahrenheit auf & die Temperatur in Grad Celsius. Die Anweisung in Zeile 9 fordert den Benutzer auf, die Temperatur in Fahrenheit einzugeben. Dieser Wert wird an die Funktion Convert übergeben.

Die Ausführung springt zur ersten Zeile der Funktion Convert in Zeile 18. Die Funktion deklariert in Zeile 19 die lokale Variable, die ebenfalls mit TempCel benannt ist.

Man könnte den Parameter der Funktion mit FerTemp & die lokale Variable mit CelTemp benennen, ohne dass sich an der Arbeitsweise des Programms irgendetwas ändert. Überzeugen Sie sich davon, indem Sie diese Namen eingeben & das Programm erneut kompilieren.

Die lokale Variable TempCel der Funktion erhält den Wert zugewiesen, der aus der Subtraktion des Werts 32 vom Parameter TempFer, der Multiplikation mit 5 & der Division durch 9 resultiert. Diesen Wert liefert die Funktion als Rückgabewert & Zeile 11 weist ihn der Variablen TempCel in der Funktion main zu. Die Ausgabe erfolgt in Zeile 13.

Das Programm wird dreimal ausgeführt. Beim ersten Mal übergibt man den Wert 212, um zu prüfen, dass der Siedepunkt des Wassers in Grad Fahrenheit (212) die korrekte Antwort in Grad Celsius (100) generiert. Der zweite Test bezieht sich auf den Gefrierpunkt des Wassers. Der dritte Test verwendet die willkürliche Zahl, um ein gebrochenes Ergebnis zu erzeugen.

Zur Übung dürfen Sie das Programm erneut mit anderen Namen wie im folgenden Beispiel eingeben:

```
#include <iostream.h> 2: float Convert(float);

int main() 5: {

float TempFer;

float TempCel;

cout < „ Bitte Temperatur in Fahrenheit eingeben: „;
```

```
cin >> TempFer;

TempCel = Convert(TempFer);

cout < „nDie Temperatur in Grad Celsius ist: „;

cout < TempCel < endl;

return 0;

}

float Convert(float Fer)

{

float Cel;

Cel = ((Fer – 32) * 5) / 9;

return Cel;

}
```

Die Ergebnisse sollten dieselben sein.

Zu einer Variablen gehört ein Gültigkeitsbereich. Dieser bestimmt, wie lange die Variable in einem Programm zugänglich ist, & wo man auf sie zugreifen kann. Der Gültigkeitsbereich, der in einem Block deklarierten Variablen, beschränkt sich auf diesen Block. Nur innerhalb dieses Blocks kann man auf die Variablen zugreifen, außerhalb des Blocks »verschwinden« sie. Globale Variablen besitzen einen globalen Gültigkeitsbereich & sind auch an allen Stellen eines Programms zugänglich.

8.3 Die globalen Variablen

Variablen, die außerhalb aller Funktionen definiert sind, weisen einen globalen Gültigkeitsbereich auf, & sind auch daher für jede Funktion im Programm einschließlich der Funktion main verfügbar.

In C++ vermeidet man globale Variablen, da sich sonst schwer zu überblickender & zu wartender Code ergeben kann. Weder in diesem Buch noch in den Programmen des Autors werden Sie globale Variablen finden.

8.4 Die Anweisungen in den Funktionen

Es gibt praktisch die Grenze für die Anzahl beziehungsweise die Typen von Anweisungen, die man in einem Funktionsrumpf unterbringen kann.

Gut konzipierte Funktionen sind auch jedoch in der Regel relativ klein. Die große Mehrheit Ihrer Funktionen wird lediglich aus einer Handvoll Codezeilen bestehen.

8.5 Die Funktionsargumente

Funktionsargumente müssen nicht alle vom selben Typ sein. Es ist durchaus sinnvoll, die Funktion zu schreiben, die die Ganzzahl, zwei Zahlen vom Typ long & ein Zeichen als Argumente übernimmt.

Als Funktionsausdruck ist jeder gültige C++-Ausdruck zulässig. Dazu gehören Konstanten, mathematische & logische Ausdrücke & andere Funktionen, die einen Wert zurückgeben.

8.6 Die Parameter in Funktionen

Obwohl es zulässig ist, die Funktion zu verwenden, die einen Wert als

Parameter an die andere Funktion zurückgibt, kann man derartigen Code schwer lesen & kaum auf Fehler untersuchen.

Nehmen wir beispielsweise die Funktionen double, triple, square & cube, die alle einen Wert zurückgeben. Man kann schreiben:

Answer = (double(triple(square(cube(myValue)))));

Diese Anweisung übergibt die Variable myValue als Argument an die Funktion cube, deren Rückgabewert als Argument an die Funktion square dient. Die Funktion square wiederum liefert ihren Rückgabewert an triple & diesen Rückgabewert übernimmt die Funktion double. Der Rückgabewert dieser verdoppelten, verdreifachten, quadrierten & zur dritten Potenz erhobenen Zahl wird jetzt an Answer zugewiesen.

Man kann nur schwer erkennen, was dieser Code bewirkt. (Findet das Verdreifachen vor beziehungsweise nach dem Quadrieren statt?) Falls diese Anweisung ein falsches Ergebnis liefert, lässt sich kaum die schuldige Funktion ermitteln.

Als Alternative kann man das Ergebnis jedes einzelnen Schritts an die Variable zur Zwischenspeicherung zuweisen:

Funktionen

unsigned long myValue = 2; unsigned long cubed = cube(myValue); unsigned long squared = square(cubed); unsigned long tripled = triple(squared); unsigned long Answer = double(tripled);

Jedes Zwischenergebnis kann man nun untersuchen, & die Reihenfolge der Ausführung ist klar erkennbar.

8.7 Alle Parameter sind lokale Variablen

Die an die Funktion übergebenen Argumente sind auch zur Funktion lokal. An den Argumenten vorgenommene Änderungen beeinflussen nicht die Werte in der aufrufenden Funktion. Man spricht hier von einer Übergabe als Wert. Das bedeutet, dass die Funktion von jedem Argument die lokale Kopie anlegt. Die lokalen Kopien lassen sich wie andere lokale Variablen behandeln. Listing 5.3 verdeutlicht dieses Konzept.

// Listing 5.3 – zeigt die Übergabe als Wert #include <iostream.h> void swap(int x, int y); int main()

int x = 5, y = 10;

cout < „Main. Vor Vertauschung, x: „ < x < „ y: „ < y < „n"; swap(x,y); cout < „Main. Nach Vertauschung, x: „ < x < „ y: „ < y < „n";

return 0; }

void swap (int x, int y)

{

int temp; cout < „Swap. Vor Vertauschung, x: „ < x < „ y: „ < y < „n"; temp = x;

// zur dritten Potenz = 8

// quadriert = 64

// verdreifacht = 192

// Answer = 384

2x = y;

y = temp;

cout < „Swap. Nach Vertauschung, x: „ < x < „ y: „ < y < „n"; }

Main. Vor Vertauschung, x: 5 y: 10 Swap. Vor Vertauschung, x: 5 y: 10 Swap. Nach Vertauschung, x: 10 y: 5 Main. Nach Vertauschung, x: 5 y: 10

Dieses Programm initialisiert zwei Variablen in main, & übergibt sie dann an die Funktion swap, die scheinbar die Vertauschung vornimmt. Wenn man die Werte jedoch erneut in main untersucht, ist die Veränderung festzustellen!

Zeile 9 initialisiert die Variablen, Zeile 11 zeigt die Werte an. In Zeile 12 steht der Aufruf der Funktion swap mit der Übergabe der Variablen.

Die Ausführung des Programms verzweigt in die Funktion swap, die in Zeile 21 die Werte erneut ausgibt. Wie erwartet, befinden sie sich in derselben Reihenfolge wie in main. In den Zeilen 23 bis 25 findet die Vertauschung statt. Die Ausgabe in der Zeile 27 bestätigt diese Aktion. Solange wir uns in der Funktion swap befinden, sind auch die Werte tatsächlich vertauscht.

Die Programmausführung kehrt zu Zeile 13 (in der Funktion main) zurück, wo die Werte nicht mehr vertauscht sind.

Wie Sie bemerkt haben, findet die Übergabe an die Funktion swap als Wert statt. Folglich legt die Funktion swap lokale Kopien der Werte an. Die Vertauschung in den Zeilen 23 bis 25 betrifft nur die lokalen Kopien, & hat keinen Einfluss auf die Variablen in der Funktion main.

Weiter hinten im Buch lernen Sie Alternativen zur Übergabe als Wert kennen. Damit lassen sich dann auch die Werte in main ändern.

8.8 Die Rückgabewerte

Funktionen geben entweder einen Wert beziehungsweise void zurück. Das Schlüsselwort void ist ein Signal an den Compiler, dass kein Wert zurückgegeben wird.

Die Syntax für die Rückgabe eines Werts aus einer Funktion besteht aus dem Schlüsselwort return, gefolgt vom zurückzugebenden Wert. Der Wert selbst kann ein Ausdruck sein, der einen Wert liefert.

Wenn MyFunction selbst Rückgabewerte liefert, handelt es sich dabei um folgenden Beispielen um zulässige return-Anweisungen:

return 5;

return (x > 5);

return (MyFunction());

Der Wert in der zweiten Anweisung return (x > 5) ist 0, wenn x nicht größer als 5 ist. Andernfalls lautet der Rückgabewert 1. Es wird hier der Wert des Ausdrucks – 0 (FALSE) beziehungsweise 1 (TRUE) – zurückgegeben & nicht der Wert von x.

Gelangt die Programmausführung zum Schlüsselwort return, wird der auf return folgende Ausdruck als Wert der Funktion zurückgegeben. Die Programmausführung kehrt dann sofort zur aufrufenden Funktion zurück, & alle auf return folgenden Anweisungen gelangen nicht mehr zur Ausführung.

In ein & derselben Funktion dürfen mehrere return-Anweisungen vorkommen. Jedoch sollte man bedenken, dass die Ausführung einer Funktion unmittelbar nach der Ausführung einer return-Anweisung beendet ist. Listing 5.4 zeigt dazu ein Beispiel.

Listing 5.4: Mehrere return-Anweisungen

// Listing 5.4 – Verwendung mehrerer

// return-Anweisungen

```
#include <iostream.h>

int Doubler(int AmountToDouble); 7: int main() {

:

: int result = 0;

int input;

cout < „zu verdoppelnde Zahl zwischen 0 & 10000 eingeben: „;

cin >> input;

cout < „nVor Aufruf von Doubler... „;

cout < „nEingabe: „ < input < „ Verdoppelt: „ < result < „n";

result = Doubler(input); 21:

cout < „nZurueck aus Doubler...n";

cout < „nEingabe: „ < input < „ Verdoppelt: „ < result < „n";

cout < „Diese Stelle wird nie erreicht!n"; }
```

Zu verdoppelnde Zahl zwischen 0 & 10000 eingeben: 9000 vor Aufruf von Doubler... Eingabe: 9000 verdoppelt: 0 zurück aus Doubler...

Eingabe: 9000 verdoppelt: 18000

Zu verdoppelnde Zahl zwischen 0 & 10000 eingeben: 11000 Vor Aufruf von Doubler... Eingabe: 11000 Verdoppelt: 0 Zurück aus Doubler...

Eingabe: 11000 Verdoppelt: -1

return 0; }

```
int Doubler(int original)

{

if (original <= 10000)

return original * 2;

else

return -1;
```

Jetzt lerne ich C++

8.9 Die Standardparameter

Für jeden Parameter, den man im Prototyp & der Definition einer Funktion deklariert, muss die aufrufende Funktion einen Wert übergeben, der vom deklarierten Typ sein muss. Wenn man daher die Funktion als

```
long myFunction(int);
```

deklariert hat, muss die Funktion tatsächlich die Integervariable übernehmen. Wenn die Definition der Funktion abweicht beziehungsweise man keinen Integerwert übergibt, erhält man einen Compilerfehler.

Die einzige Ausnahme von dieser Regel: Der Prototyp der Funktion deklariert für den Parameter einen Standardwert, den die Funktion verwendet, wenn man keinen anderen Wert bereitstellt. Die obige Deklaration lässt sich wie folgt neu schreiben:

```
long myFunction (int x = 50);
```

Dieser Prototyp sagt aus: »myFunction gibt einen Wert vom Typ long zurück, & übernimmt einen Integerparameter. Wenn kein Argument

angegeben ist, verwende den Standardwert 50.« Da in Funktionsprototypen die Parameternamen erforderlich sind, könnte man diese Deklaration auch als

long myFunction (int = 50);

schreiben. Durch die Deklaration eines Standardparameters ändert
sich die Funktionsdefinition nicht. Der Kopf der Funktionsdefinition
für diese Funktion lautet:

long myFunction (int x)

Wenn die aufrufende Funktion keinen Parameter einbindet, füllt der
Compiler den Parameter x mit dem Standardwert 50. Der Name des
Standardparameters im Prototyp muss nicht mit dem Namen im Funktionskopf übereinstimmen. Die Zuweisung des Standardwerts erfolgt
nach Position & nicht nach dem Namen.

Man kann allen Parametern einer Funktion beziehungsweise nur einem Teil davon Standardwerte zuweisen. Die einzige Einschränkung:
Wenn für einen der Parameter kein Standardwert angegeben ist, kann
kein vorheriger Parameter dieser Parameterliste einen Standardwert
haben. Sieht der Prototyp einer Funktion beispielsweise wie folgt aus:

long myFunction (int Param11, int Param2, int Param3);

Kann man Param2 nur dann einen Standardwert zuweisen, wenn man
für Param3 einen Standardwert festgelegt hat. An Param1 lässt sich
nur dann ein Standardwert zuweisen, wenn sowohl für Param2 als
auch Param3 Standardwerte festgelegt wurden. Listing 5.5 demonstriert die Verwendung von Standardwerten.

Listing 5.5 - eine Variable definieren

// Listing 5.5 – demonstriert die Verwendung

// von Standardwerten für Parameter

include <iostream.h>

int AreaCube(int length, int width = 25, int height = 1); 7: int main() {

int length = 100;

int width = 50;

int height = 2;

int area;

area = AreaCube(length, width, height);

cout < „Erstes Volumen gleich: „ < area < „n";

area = AreaCube(length, width);

cout < „Zweites Volumen gleich: „ < area < „n";

area = AreaCube(length);

cout < „Drittes Volumen gleich: „ < area < „n";

return 0;

}

AreaCube(int length, int width, int height)

{

return (length * width * height);

}

Erstes Volumen gleich: 10000

Zweites Volumen gleich: 5000

Drittes Volumen gleich: 2500

In Zeile 6 spezifiziert der Prototyp von AreaCube, dass die Funktion AreaCube drei Integerparameter übernimmt. Die letzten beiden weisen Standardwerte auf.

Die Funktion berechnet das Volumen des Quaders für die übergebenen Abmessungen. Fehlt die Angabe der Breite (width), nimmt die Funktion die Breite von

8.10 Die Funktionen überladen

In C++ lassen sich mehrere Funktionen mit demselben Namen erzeugen. Man bezeichnet das als Überladen von Funktionen. Die Funktionen müssen sich in ihrer Parameterliste unterscheiden, wobei andere Parametertypen, die abweichende Anzahl von Parametern beziehungsweise beides möglich ist. Dazu ein Beispiel:

int myFunction (int, int);

int myFunction (long, long);

int myFunction (long);

Die Funktion myFunction wird mit drei unterschiedlichen Parameterlisten überladen. Die erste Version unterscheidet sich von der zweiten durch die Parametertypen, während die dritte Version die abweichende Anzahl von Parametern aufweist.

Die Rückgabetypen der überladenen Funktionen dürfen gleich beziehungsweise verschieden sein, solange ein Unterschied in der Parameterliste vorhanden ist. Ein Überladen nur bezüglich des Rückgabetyps ist nicht möglich.

Das Überladen von Funktionen bezeichnet man auch als Funktionspolymorphie. Das aus dem Griechischen stammende Wort polymorph bedeutet vielgestaltig – die polymorphe Funktion weist viele Formen auf.

Funktionspolymorphie bezieht sich auf die Fähigkeit, die Funktion mit mehreren Bedeutungen zu »überladen«. Indem man die Anzahl beziehungsweise den Typ der Parameter ändert, kann man zwei beziehungsweise mehreren Funktionen denselben Funktionsnamen geben. Anhand der Parameterliste wird dann die richtige Funktion aufgerufen. Damit kann man die Funktion erzeugen, die den Mittelwert von ganzen & reellen Zahlen sowie anderen Werten bilden kann, ohne dass man für jede Funktion einen separaten Namen wie AverageInts, AverageDoubles usw. angeben muss.

Nehmen wir die Funktion an, die den übergebenen Wert verdoppelt. Man möchte dabei Zahlen vom Typ int, long, float beziehungsweise double übergeben können. Ohne das Überladen von Funktionen müsste man vier Funktionsnamen erzeugen:

int DoubleInt(int);

long DoubleLong(long);

float DoubleFloat(float);

double DoubleDouble(double);

Beim Überladen von Funktionen lassen sich folgende Deklarationen formulieren:

int Double(int);

long Double(long);

float Double(float);

double Double(double);

Das ist leichter zu lesen & einfacher zu warten. Man braucht sich nicht darum zu kümmern, welche Funktion aufzurufen ist. Man übergibt einfach die Variable & die richtige Funktion wird automatisch aufgerufen.

8.11 Die Inline-Funktionen

Wenn Sie die Funktion definieren, erzeugt der Compiler normalerweise genau einen Anweisungssatz im Speicher. Beim Aufruf der Funktion springt die Programmausführung zu diesen Anweisungen & geht bei der Rückkehr aus der Funktion zur nächsten Zeile in der aufrufenden Funktion. Wenn Sie die Funktion zehnmal aufrufen, springt das Programm jedes Mal zum selben Anweisungssatz. Das bedeutet, dass es nur ein Exemplar der Funktion gibt, & nicht zehn Kopien dieser Funktion.

Der Sprung in die Funktion & das Verlassen der Funktion bedeutet für den Prozessor zusätzliche Arbeit. Gerade bei Funktionen, die nur aus einer beziehungsweise zwei Zeilen Code bestehen, lässt sich die Programmausführung effizienter gestalten, wenn man die erforderlichen Sprünge in die & aus der Funktion vermeiden kann. Effizienz ist für den Programmierer gewöhnlich gleichbedeutend mit Geschwindigkeit: Das Programm läuft ohne den Funktionsaufruf schneller.

Deklariert man die Funktion mit dem Schlüsselwort inline, erzeugt der Compiler die Funktion im engeren Sinne, sondern kopiert den Code für die Inline-Funktion direkt in die aufrufende Funktion. Damit fallen die Sprünge weg & das Ganze stellt sich genauso dar, als hätte man die Anweisungen der Funktion selbst in die aufrufende Funktion geschrieben.

Jedoch ist der Geschwindigkeitsvorteil nicht umsonst zu haben. An allen Stellen, an denen Sie die Inline-Funktion aufrufen, erscheint der vollständige Code der Funktion, bei zehn Aufrufen eben zehn Mal. Bei umfangreichen Programmen wird somit die ausführbare Datei wesentlich größer. Dennoch kann der Geschwindigkeitszuwachs nur marginal sein. Die heutigen optimierenden Compiler arbeiten intelligent genug, sodass Sie aus der Deklaration einer Funktion als inline fast nie einen großen Gewinn schlagen. Wichtiger ist aber, dass die Vergrößerung des Codes seinerseits zu Lasten der Gesamtleistung gehen kann.

Als Faustregel gilt, dass die Funktion mit einer beziehungsweise zwei Anweisungen für die Inline-Deklaration infrage kommt. Wenn Sie jedoch im Zweifel sind, verzichten Sie einfach darauf. Listing 5.6 demonstriert den Einsatz einer Inline-Funktion.

Listing 5.6: Inline-Funktionen

```
// Listing 5.6 Zeigt den Einsatz von Inline-Funktionen 2:

#include <iostream.h>

inline int Double(int);

int main()

{

int target;

cout < „Bitte die Zahl eingeben: „;

cin >> target;
```

```
cout < „n";

target = Double(target);

cout < „Target: „ < target < endl;

target = Double(target);

cout < „Target: „ < target < endl;

target = Double(target);

cout < „Target: „ < target < endl;

return 0;

}

int Double(int target)

{

return 2*target;

}
```

Bitte die Zahl eingeben: 20

Target: 40

Target: 80

Target: 160

Der Compiler erzeugt daraus den gleichen Code, als hätten Sie die Anweisung target = 2 * target;

an allen Stellen eingegeben, an denen im obigen Listing

target = Double(target);

steht.

Bei Programmausführung befinden sich die Anweisungen bereits an Ort & Stelle, d. h. der Compiler hat sie in die Objektdatei eingebaut (sprich: kompiliert). Das spart zwar einen Sprung zum Aufruf der Funktion, geht jedoch zulasten der Programmgröße.

Das Schlüsselwort ist ein Hinweis an den Compiler, dass Sie die Funktion als deklarieren möchten. Dem Compiler steht es jedoch frei, den Hinweis zu ignorieren & einen echten Funktionsaufruf zu generieren.

8.12 Die Arbeitsweise von Funktionen

Beim Aufruf einer Funktion verzweigt der Code in die aufgerufene Funktion, die Parameter werden übergeben & der Rumpf der Funktion wird ausgeführt. Nach abgeschlossener Abarbeitung gibt die Funktion einen Wert zurück (außer wenn die Funktion als void deklariert ist), & die Steuerung geht an die aufrufende Funktion über.

Wie wird diese Aufgabe realisiert? Woher weiß der Code, wohin zu verzweigen ist? Wo werden die Variablen aufbewahrt, wenn die Übergabe erfolgt? Was geschieht mit den Variablen, die im Rumpf der Funktion deklariert sind? Wie wird der Rückgabewert aus der Funktion heraus übergeben? Woher weiß der Code, wo das Programm fortzusetzen ist?

8.13 Stack

Beim Start eines Programms legt der Compiler einen speziellen Bereich im Hauptspeicher an: den sogenannten Stack (Stapelspeicher). Der Stack nimmt Daten auf, die für die einzelnen Funktionen im Programm gedacht sind. Die Bezeichnung Stapelspeicher lässt Ähnlichkeiten mit einem Geschirrstapel vermuten, wie ihn Abbildung 5.4 zeigt. Was man zuletzt auf den Stapel gelegt hat, entnimmt man auch wieder zuerst.

Der Stack wächst, wenn man Daten auf den Stack »legt«. Entnimmt man Daten vom Stack, schrumpft er. Einen Geschirrstapel kann man auch nicht wegräumen, ohne die zuletzt obenauf gelegten Teller als Erste wieder wegzunehmen.

Die Analogie zum Geschirrstapel eignet sich zwar zur anschaulichen Darstellung, versagt jedoch bei der grundlegenden Arbeitsweise des Stacks. Die genauere Vorstellung liefert die Folge von Fächern, die von oben nach unten angeordnet sind. Auf der Spitze des Stacks befindet sich das Fach, auf das der Stack-Pointer (Zeiger auf den Stack, ein weiteres Register) zeigt.

Alle Fächer haben die fortlaufende Adresse & die dieser Adressen wird im Stack-Register abgelegt. Alles unterhalb dieser magischen Adresse, die man als Spitze des Stacks bezeichnet, wird als »auf dem Stack befindlich« betrachtet. Alles oberhalb des Stack-Pointers liegt außerhalb des Stacks & ist ungültig. Abbildung 5.5 verdeutlicht dieses Konzept.

Wenn man Daten auf den Stack legt, kommen sie in ein Fach oberhalb des Stack-Pointers. Anschließend wird der Stack-Pointer zu den neuen Daten verschoben. Entnimmt man Daten aus dem Stack, passiert weiter nichts, als dass die Adresse des Stack-Pointers auf dem Stack nach unten geschoben wird.

8.14 Stack & Funktionen

Ruft ein Programm die Funktion auf, richtet es einen sogenannten »Stack-Rahmen« ein. Dabei handelt es sich um einen Bereich auf dem Stack, den das Programm für die Verwaltung der aufgerufenen Funktion reserviert. Das Ganze ist ziemlich kompliziert & wird noch dazu auf verschiedenen Computern unterschiedlich realisiert. Die wesentlichen Schritte lauten:

1. Rückkehradresse der Funktion auf dem Stack ablegen. Wenn die Funktion zurückkehrt, setzt die Programmausführung an dieser Adresse fort.

2. Auf dem Stack für den deklarierten Rückgabetyp Platz schaffen.

3. Alle Argumente an die Funktion auf dem Stack platzieren.

4. Das Programm verzweigt in die Funktion.

5. Die Funktion legt lokale Variablen bei ihrer Definition auf dem Stack ab.

8.15 Die Zusammenfassung

Dieses Kapitel bildet die Einführung in Funktionen. Praktisch handelt es sich bei einer Funktion um ein Unterprogramm, an das man Parameter übergeben & aus dem man einen Rückgabewert erhalten kann. Jedes C++-Programm beginnt in der Funktion main & main kann ihrerseits andere Funktionen aufrufen.

Die Deklaration einer Funktion erfolgt in einem Prototyp, der den Rückgabewert, den Funktionsnamen & die Parametertypen beschreibt. Die Funktion lässt sich optional inline deklarieren. Ein Funktionsprototyp kann auch Standardvariablen für einen beziehungsweise mehrere Parameter festlegen.

Die Funktionsdefinition muss mit dem Funktionsprototyp hinsichtlich Rückgabetyp, Name & Parameterliste übereinstimmen. Funktionsnamen kann man überladen, indem man die Anzahl beziehungsweise den Typ der Parameter ändert. Der Compiler ruft die richtige Funktion anhand der Argumentliste auf.

Lokale Variablen in Funktionen & die an die Funktion übergebenen Argumente sind auch lokal zu dem Block, in dem sie deklariert sind. Als Wert übergebene Parameter sind auch Kopien & dürfen nicht auf den Wert der Variablen in der aufrufenden Funktion zurückwirken.

Impressum

Manuel Leier wird vertreten durch:

Instyle Supply and Control Limited

20th Floor, Central Tower, 28

Queen's Road, Central, HK

Coverbilder

[creativelog] | [Fiverr]

Haftung für externe Links

Das Buch enthält Links zu externen Webseiten Dritter, auf deren Inhalt der Autor keinen Einfluss hat. Deshalb kann für die Inhalte externer Inhalte keine Gewähr übernommen werden. Für die Inhalte der verlinkten Webseiten ist der jeweilige Anbieter oder Betreiber der Webseite verantwortlich. Die verlinkten Seiten wurden zum Zeitpunkt der Verlinkung auf mögliche Rechtsverstöße überprüft. Rechtswidrige Inhalte waren zum Zeitpunkt der Verlinkung nicht erkennbar. Eine permanente inhaltliche Kontrolle der verlinkten Webseiten ist jedoch ohne konkrete Anhaltspunkte einer Rechtsverletzung nicht zumutbar. Bei Bekanntwerden von Rechtsverletzungen werden derartige Links umgehend entfernt.